AF330713

Le Provincial à Paris

TOME PREMIER.

Mœurs françaises.

Le Provincial

A Paris,

Esquisses des Mœurs Parisiennes.

IMPRIMERIE ANTH^e. BOUCHER,
rue des Bons-Enfans, n°. 34.

Le Provincial

A Paris,

Esquisses des Mœurs Parisiennes.

Par L. Montigny.

TOME PREMIER.

Je regarde, je tâche de bien voir,
et je rends compte des impressions
que je reçois.
Tome I, chapitre page 4.

SECONDE ÉDITION.

PARIS,

CHEZ LADVOCAT, LIBRAIRE

DE S. A. R. MONSEIGNEUR LE DUC DE CHARTRES,

1825.

votre exemple, il me devint possible, quoique bien novice dans une carrière toute nouvelle pour moi, de coopérer à la rédaction du journal de littérature LE MIROIR; et j'eus l'honneur de compter, pendant plus de trois années, au nombre de vos collaborateurs.

C'est à l'Addisson français que je dois l'hommage de mes premiers essais sur les mœurs, et j'ose le prier d'en agréer la dédicace. Ils sont bien faibles, sans doute : en lisant le nom de JOUY en tête de cet ouvrage, le Public sera prévenu favorablement. Ce

sera une obligation nouvelle que
je vous aurai, Monsieur ; un nouveau service que ma reconnais-
sance joindra aux services que
vous m'avez précédemment ren-
dus.

Recevez, je vous prie, Monsieur,
l'assurance des sentimens respec-
tueux

DE VOTRE AFFECTIONNÉ
ET TOUT DÉVOUÉ SERVITEUR,

L. Montigny.

TABLE

DES CHAPITRES.

FIN DE LA TABLE.

LE
PROVINCIAL
A PARIS.

~~~~~~~~~~~~~~~~~~~~~~~~~~~~~~~~~~~~~~

CHAPITRE PREMIER.

———

PRÉAMBULE OBLIGÉ.

Le savant abbé Barthélemy fait dire à son *Anacharsis*, dans la brillante introduction du magnifique ouvrage
~~~~~~~~~~~~~~~~~~~~~~~~~~~~~~~~~~~~~~

qui porte ce titre : « Je ne suis qu'un
» Scythe, et l'harmonie des vers d'Ho-
» mère, cette harmonie qui transporte
» les Grecs, échappe souvent à mes
» organes trop grossiers ; mais quand
» je le vois s'élever et planer, pour
» ainsi dire, au-dessus du monde en-
» tier, etc., etc. »

Et moi, chétif, je dis :

Je ne suis qu'un provincial, et la
délicatesse exquise du ton, des manières, du langage d'un Parisien,
échappé souvent à mes organes trop
grossiers ; mais quand je vois ce proto-
type de la futilité cherchant à s'élever
fort au - dessus des autres hommes,
faire de vains efforts pour se tenir à la
hauteur des bons habitans de la pro-

vince (qu'il décrie sans les connaître),
ne m'est-il pas permis de le rappeler
à l'ordre, et d'essayer de lui faire
comprendre qu'un enfant de Paris
n'est pas plus qu'un autre exempt de
ridicules, de travers, et même de vices ?

De temps immémorial on s'est mo-
qué, à Paris, des êtres disgraciés que
le ciel n'a pas fait naître sur les bords
heureux de la Seine. En revanche, on
se permet parfois, en province, de
rire des prétentions très amusantes de
certains badauds. Mais, il en faut convenir, la partie est loin d'être égale :
en général, on sait plaisanter dans la
capitale du goût, des arts et de la politesse; on ne s'en doute pas dans quelques départemens. Trop souvent les

provinciaux ont confondu l'insulte avec la satire modérée, et les reparties amères, le ton de l'injure avec l'épigramme permise.

Je ne connais pas de livre où un provincial ait osé passer une revue décente et motivée de certains usages de la capitale ; j'ai entrepris d'écrire ce livre ; mais le plan que je me suis tracé a des limites peu étendues : je ne m'érige point en frondeur outré des ridicules, en juge passionné des défauts, en censeur injuste de tout ce qui est : je regarde, je tâche de bien voir, et je rends compte des impressions que je reçois.

Il ne m'était pas non plus possible de parler de tout ; mon attention s'est portée, à dessein, sur les objets d'intérêt secondaire qui ont échappé, pour ainsi dire, aux investigations des grands peintres de mœurs. Il reste à peine à glaner dans ce champ, mille et mille fois retourné par des mains habiles; je me suis appliqué à ne point faire, même à ma manière, l'esquisse des originaux qui ont posé devant l'ERMITE * et ses nombreux imitateurs; j'en ai cherché d'autres, et j'ai fait poser devant moi, à mesure qu'ils ont frappé mes yeux, ceux qui avaient pu leur échapper.

Je me crois obligé de donner, en

* L'*Ermite de la Chaussée-d'Antin*, à mon avis, le plus agréable *et le premier* de tous les ouvrages de ce genre, sans exception.

deux mots, au lecteur une idée de ma personne, qu'il faut bien qu'il connaisse, et de lui soumettre les raisons qui m'ont décidé, moi, provincial obscur, tout-à-fait ignoré, à m'ériger en critique.

J'ai cinquante-cinq ans; je ne suis pas beau; ma taille est ordinaire, et mon costume habituel n'a rien d'élégant. Je suis né à Saint - Pourçain, département de l'Allier; c'est une très petite ville, fort peu connue, et qui avoisine Clermont. Mes parens y vivent tranquillement d'un revenu modeste *qui suffit*, comme on dit, à leur existence. Comme tant d'autres, force leur est bien de se contenter du peu qu'ils ont.

L'éducation que j'ai reçue est on ne peut plus négligée : avec beaucoup de peine, j'entends et je suis en état d'expliquer quelques passages des auteurs latins les moins difficiles à traduire ; aussi quand une beauté caressante consent à m'embrasser, ce ne peut être, et je ne rougis pas d'en convenir, *pour l'amour du grec :* je n'en sais pas un mot.

A force de broyer du noir, et surtout de lire et d'étudier, je me suis montré à moi-même les premiers principes de notre langue ; on prétend, à Saint-Pourçain, que je ne fais point, en parlant, de fautes capitales. On va même jusqu'à dire que j'écris aussi purement que monsieur le 1er. Adjoint.

Je baragouine deux ou trois langues étrangères, que j'ai apprises en me jouant, et, pour me servir de l'expression heureuse des Italiens, *da papa gatto* (comme un perroquet). J'ai voyagé, j'ai vu, j'ai observé, j'ai même un peu retenu.

Je fais peu de cas des hommes en général, et beaucoup de mes amis en particulier. Je me prosterne devant les grands talens, mais seulement devant les talens véritables... J'ai si souvent été désenchanté ! Combien de fois des géans, qu'on m'avait vantés à l'avance, m'ont paru nains et rabougris quand je les ai vus de près ! Ma surprise est toujours nouvelle alors que, croyant avoir rencontré un colosse, je ne trouve qu'un homme, pour ainsi dire, à hauteur d'appui.

J'abhorre les sots puissans, je fuis les sots en place, j'évite les sots ennuyeux, et je cherche à me venger de tous.

En ma qualité *d'observateur*, j'ai voulu, jadis, prendre note de quelques ridicules de province ; on l'a su, et j'ai ameuté contre moi des gens que je n'avais jamais ni vus ni connus. Dans une petite ville il faut, quand on esquisse une caricature, se hâter d'y mettre un nom. Personne ne s'y reconnaît, mais on y reconnaît son voisin, et charitablement on l'en avertit ; de-là des clameurs sans nombre.

Les plaies que l'on fait à l'amour-propre sont incurables. Je l'ai su trop

tard. Pour apaiser l'éternelle majorité
(les sots), j'ai quitté mon département et je suis venu m'établir au beau
milieu de Paris. Je loge dans un modeste hôtel garni, où je vis honnête-
ment de ce que j'ai pu réaliser d'argent comptant dans mon pays ; l'économie est ma loi. J'ai la prétention
d'être indépendant. Trois ou quatre
fois par semaine je me mets en campagne, et le soir je rentre chargé de
notes que je rédige à mon aise, et tant
bien que mal, le lendemain. C'est
ainsi que j'ai rassemblé la matière des
deux volumes que je livre à l'impres-
sion.

La postérité prononcera sur le mérite de mon petit écrit, si toutefois

mon petit écrit lui parvient, et j'ai le bon esprit d'en douter très fort.

Au surplus, je possède le secret de certaines réputations contemporaines, et je me propose d'en user.... Ceci, lecteur, ne regarde que mon libraire et moi.

CHAPITRE II.

———

LES HÔTELS GARNIS.

Il est assez naturel de commencer ma revue par les hôtels garnis. C'est dans ces lieux que les étrangers de toutes les classes sont forcés de descendre, à moins qu'ils n'aient à Paris des parens ou des connaissances fort intimes qui les reçoivent chez eux; ce dernier cas est fort rare, et cela s'explique par l'extrême cherté des loyers et la difficulté de se loger assez grandement pour pouvoir disposer de ce qu'on appelle une chambre d'ami.

Le prix des locations journalières dans les hôtels garnis, varie à raison de la beauté de l'appartement qu'on occupe, de son voisinage avec les mansardes, et surtout du quartier dont on a fait choix. Une distance prodigieuse sépare les établissemens de ce genre qu'on rencontre dans le faubourg St.-Germain, par exemple, de ceux qu'on trouve en si grand nombre dans les environs du Palais-Royal.

On voit des hôtels garnis jusque dans les quartiers les plus reculés ; les ouvriers et les gens de la campagne ont aussi les leurs dans le centre de la

capitale comme à ses extrémités. Rien
de plus modeste : l'appartement ne
se compose, là, que d'un simple cabinet que remplit une couchette, ou
d'une vaste chambre où sont placés
plusieurs lits. Pour moins d'un demi-
franc, on y passe une nuit un peu
moins mal à son aise qu'à la belle
étoile ou à la Préfecture de police.

Toutes les commodités du luxe sont
rassemblées dans les grandes et belles
maisons garnies. A l'affût des ventes
de toute espèce qui se font fréquem-
ment à l'hôtel de Bullion * et ailleurs,
les propriétaires de ces établissemens

* L'hôtel de Bullion est situé rue J.-J. Rousseau, près la Poste aux lettres ; c'est là que se
font les ventes publiques de meubles.

se procurent les meubles les plus riches ou les plus élégans, à des prix
souvent au-dessous du cours; ce sont
eux qui profitent, en partie, des fautes
de ces dupes nombreuses qui se rui-
nent en superfluités.

Quelque recherché que soit l'ameu-
blement d'un hôtel garni, il manque
presque toujours cependant de cette
fraîcheur qu'on remarque dans la décoration des maisons particulières ;
chaque meuble a son histoire à part,
ses phases de bonheur ; il en est qui
ont essuyé des révolutions bizarres
avant de servir au premier venu :
tel beau lit de parade et tel élégant
canapé auraient de singulières confi-
dences à faire, s'ils trouvaient encore

un Crébillon fils pour leur servir d'in-
terprète. *

Le séjour dans un hôtel garni a cela
d'économique pour un étranger (quel
que soit d'ailleurs l'état de sa fortune),
qu'il dispense de toute reddition de
politesse coûteuse. On reçoit des dîners
sans se trouver dans l'obligation de
s'acquitter par des dîners; votre cos·
tume peut même, jusqu'à un certain
point, être négligé; on vous excuse,
parce que *vous êtes à l'auberge*. Plus
d'un avare provincial profite de ce
commode usage pour accepter sans
jamais rendre.

Une probité bien digne de remarque

* CRÉBILLON fils est auteur du *Sopha*, qu'il
a intitulé : *Conte moral.*

distingue les gens qui vous servent dans les hôtels garnis; tout ce que vous possédez est assuré, et se trouve comme placé sous leur responsabilité ; on ne connaît pas d'exemple qu'ils en aient abusé. Toutefois, il est à propos, lorsqu'on possède des valeurs considérables, de les déposer chez le maître de l'hôtel : on sent qu'il ne peut en répondre si la déclaration n'en a pas été préalablement faite.

Beaucoup d'hôtels garnis offrent la ressource des tables d'hôte ; elles sont d'une grande économie, et conviennent aux étrangers qui ne connaissent pas les bons Restaurateurs, ou ne veulent pas payer pour les connaître : en général on y est bien. Le Ciel

2.

serve les voyageurs de bon appétit des habitués de certaines tables d'hôte qui regardent tout ce qui s'y sert comme leur propriété, et ne souffrent qu'avec peine le voisinage d'un étranger qui leur dispute le choix des bons morceaux ; de même que dans certaines villes de province où s'arrêtent les diligences, ces fléaux de tout convive honnête et délicat, suivent dans l'ordre du dîner une progression contraire à l'ordre établi : vous en voyez qui ne se servent d'un mets ordinaire auquel on touche peu (le bœuf, par exemple) qu'après avoir dépossédé les volailles de leurs ailes et défloré les plats de primeur, sur lesquels ils tombent avec la plus audacieuse activité.

Ce sont les *ventrus* de ces réunions.

On jouit d'une liberté très précieuse dans les hôtels garnis ; tous vos amis, et même vos amies, peuvent vous y venir voir sans s'exposer à être l'objet d'une enquête indiscrète. Il en est, au surplus, à-peu-près de même dans toutes les maisons de cette immense cité. On n'a pas le temps, à Paris, de s'occuper de ses voisins ; la médisance est un plaisir de petite ville, qu'on laisse aux oisifs des sous-préfectures. Les Parisiens ont bien autre chose à dire, à voir, à penser !

Là, point de gendarme empressé de vous demander votre passeport, ni de commissaire de police avide de savoir ce que vous faites, d'où vous venez, où vous allez et ce que vous pensez. L'action de la police est occulte. Il ne faut qu'inscrire son nom et ses qualités sur un registre *ad hoc*, que personne ne lit, et qui fort souvent n'est pas lisible. Une fois cette formalité remplie, vous pouvez parcourir Paris de jour et de nuit, sans éprouver la plus légère inquiétude : il suffit d'avoir la bourse bien garnie. Au moyen de cette indispensable précaution, un étranger peut être fort tranquille ; il n'a qu'à désirer ; dès-lors tout lui appartient : à Paris, tout ce qu'on voit est à vendre, tout, absolument ; il ne faut que pouvoir payer. *

* Cela est si vrai, qu'on s'est occupé, dans certains ministères, du soin de tariffer les consciences..

On compte beaucoup de célibataires insoucians, plus ou moins favorisés des dons de la fortune, qui demeurent en hôtel garni pour se débarrasser de tout soin important ; ceux-là vivent chez le restaurateur, et ne font aucune dépense qui ne se rapporte à eux seuls. Le moins qu'on puisse dire de cette classe d'hommes, c'est qu'ils sont à-peu-près à charge à la société. Il est rare que celui qui vit ainsi, soit un homme utile, un artiste, un magistrat, un écrivain recommandable. Il n'a droit qu'à une patente d'*égoïste*, et ses concitoyens manquent rarement de la lui décerner.

Le nombre des hôtels garnis s'est prodigieusement accru, comme celui des restaurateurs et des cafés. A l'époque des grandes solennités, il n'est pas toujours suffisant; mais ces cas sont très rares, au dire des parties intéressés.

Le prix moyen d'une chambre décente, dans un quartier qui avoisine le Palais-Royal ou les Tuileries, est de trois francs. Il serait curieux de tenir registre des piquantes mutations qui s'opèrent dans ces lieux toujours ouverts au public. A une veuve succède parfois un célibataire; un avare peut remplacer un joueur; près d'un solliciteur Gascon, rêve un plaideur Manceau; le même étage recèle un négociant intègre, un mandataire à vendre, un bel esprit de département.

Une marchande de modes de chef-lieu n'est séparée que par une cloison d'un officier en semestre; et le hasard a placé plus d'une coquette aux yeux doux à côté d'un ecclésiastique à l'air patelin. Il est d'usage de laisser la clé dans le trou de la serrure; on peut se tromper de porte, et dans une ville où l'on n'est pas connu, qu'on n'habite que depuis plusieurs jours, dont on peut être loin le lendemain, on sé permet bien des petits *extrà* dont on ne parle jamais.

On connaît des employés dans plus d'un département qui, pour solliciter l'avancement auquel ils croyent avoir droit, dépêchent leur femme à Paris; le moyen est bon sans doute, et la preuve, c'est qu'il est souvent mis à exécution ; mais si Madame écrivait, sans rien omettre, un journal de son voyage ! . . . . . .

CHAPITRE III.

BALS ET SOIRÉES.

AVANT de commencer ce chapitre, il faut que je fasse aux Dames Parisiennes un aveu que la circonstance commande impérieusement. Je sais très bien qu'en fait de soirées, de bals et de spectacles, il est assez difficile, pour ne pas dire impossible, de leur parler de quelque chose qu'elles ignorent; je leur rends, à cet égard, toute la justice qu'elles méritent. Nier que ces Dames savent tout, ont le sentiment de tout ce qui est gracieux, noble, élégant; qu'elles ont deviné, pressenti tout ce que nos artistes ont pu créer de remarquable; oser avancer qu'elles manquent d'usage du monde, de tact, de goût et même de discernement, ce serait vouloir nier l'évidence; et je ne suis pas, grâce à Dieu, de ces gens qui refusent de croire à la possibilité d'un fait, par cela seul qu'il leur est désagréable ou qu'il n'a pas été prévu par eux.

Je veux consigner ici, dans un but d'utilité, les remarques qui ont été faites sur les soirées et les bals parisiens. Il y a tel chef-lieu de sous-préfecture, et même de préfecture, où l'on ne sait pas au juste ce qu'il faut faire pour imiter les réunions de Paris. C'est une espèce de mot d'ordre, de consigne, que je crois devoir expliquer aux maîtresses de maison qui ont la prétention de recevoir à l'instar de la capitale. Malheur à celles qui ne se conduiront pas d'après mes instructions! elles courront le risque de perdre la place qu'elles occupent dans le cercle des connaissances et d'amis où elles vivent, et seront justiciables de la mode, dont les arrêts ne sont cassés par personne, pas même par le dieu du goût.

Parlons d'abord des invitations. Pour une réunion qui, sans devoir être fort brillante, n'est cependant pas sans une sorte de conséquence, les billets écrits à la main sont plus honnêtes que les invitations imprimées ; les caractères gothiques indiquent un grand bal. Quand le bal doit être précédé d'un concert, un dessin lithographié, placé au bas du billet, représente des instrumens de musique, ou simplement un violon.

Tous les abords de la maison, lorsqu'on donne une soirée ou un bal, doivent ressembler à ceux d'un endroit public ; il faut que tout le quartier soit dans la confidence. D'abord les portes de l'hôtel doivent être ouvertes ; la cour et le bas de l'escalier doivent être éclairés par des lampions. Pour compléter la ressemblance avec un lieu public, des domestiques échangent, contre les manteaux et les pelisses, qu'ils placent dans une salle servant de vestiaire, des numéros d'ordre dont on garde le double.

Pour qu'une maîtresse de maison puisse se vanter d'avoir eu *du monde*, il faut qu'à une certaine heure de la nuit, à-peu-près au commencement du bal, on ne puisse faire un pas dans les salons, et qu'on soit venu plusieurs fois la prévenir qu'un grand nombre de personnes attendent sur l'escalier le fortuné moment où il leur sera permis d'étouffer dans l'intérieur.

Il faut s'estimer heureux lorsque la dame du logis vous ayant aperçu, daigne vous sourire et vous tendre une main que vous êtes autorisé à baiser,

selon l'usage de plusieurs peuples du
Nord. Il est superflu de dire qu'une
haute dignité civile ou militaire, un
grand cordon, ou beaucoup d'or, donnent seuls le droit d'aspirer à cette faveur. Le commun des martyrs passe
inaperçu, et s'en venge en critiquant
in petto la figure ou le costume de la
divinité du lieu.

Il n'est pas rare qu'en faisant, le
lendemain d'un jour de fête, l'inventaire de certains petits meubles porta-
tifs, ou des bijoux de prix qu'on a
laissés à leur place, on ne trouve pas
absolument son compte; cela prouve
incontestablement qu'il y avait *un
monde fou,* et que quelque galant
chevalier, épris des beautés de la dame

qui recevait, a voulu conserver d'elle
un de ces souvenirs qu'on peut, au
besoin, échanger contre quelques pièces du plus vil des métaux. Le moyen
d'ailleurs de connaître les gens à la
mine ? Quand tout le monde est égale-
ment bien vêtu, comment recon-
naître un fripon subalterne ? On ne
saurait imaginer à combien de quipro-
quos de ce genre ont donné lieu ces
diables d'habits *habillés*.

Le punch doit être servi à profusion : les plus nouveaux verres sont
en cristal et taillés à facettes ; ils ne
doivent plus être à patte, mais en
forme de baril et munis d'une anse.
Ce qu'a de mieux à faire une maîtresse de maison qui ne possède que

des verres de l'ancien modèle, c'est
de les briser, ou de les laisser à la dis-
position de ses gens; ce qui revient
absolument au même.

Après le souper, car il y a des maisons où ce gothique et bienfaisant usage
est encore en vigueur; après le souper,
on passe aux danses destinées à tuer le
bal, à le terminer sans plus de délais;
telles sont *la Boulangère* et *les Pan-
talons*, *l'Écossaise* et *l'Anglaise*; il
faut, pour la dernière, des danseurs
d'élite en état de la bien conduire, ce
qui ne se rencontre pas toujours, car
l'Anglaise ne se mène pas facilement.

Un des moindres inconvéniens des
grands bals, inconvénient qui, au
moins, a le mérite d'être le dernier,

c'est d'attendre fort long-temps sa voiture. En province, où très souvent deux ou trois *remises* * se chargent successivement des vieilles et des jeunes, de la noblesse et des vilains, on ne se doute pas de ce genre de contrariété; mais en province on se connaît, on se voit passer, on se critique, on se déchire même, après toutefois qu'on s'est cordialement embrassé : la politesse avant tout.

* On appelle *Remises*, à Paris, des voitures de louage qui, très souvent, ne diffèrent des *Fiacres* que parce qu'elles ne sont pas numérotées.

CHAPITRE IV.

LE FOYER D'UN THÉATRE. *

ATTENTION ! *le vaudeville final* est à peine achevé, l'orchestre joue encore la dernière mesure de la ritournelle, et déjà le foyer qui, peu d'ins-

* La scène est prise, pendant la représentation, au moment où l'on vient de baisser le rideau après une pièce.

tans avant, n'était habité que par le commis du libraire, l'israélite aux lorgnettes, la sous-limonadière et l'officier de service, est de nouveau visité par les spectateurs. On y revient en foule en fredonnant le refrain de la pièce à la mode : des hommes, rien que des hommes, c'est bien triste !... Voilà bien deux ou trois femmes ; mais quelles tournures ! ce sont *des pro-vinciales.* Ces chapeaux fanés, ces schalls qu'on porte tout ployés sur le bras, ces robes qui nous rappellent la mode du mois dernier, ces anachronismes de toilette, ce bizarre assemblage de couleurs qui ne s'harmonisent point !... tout cela n'a rien d'attrayant. Voyons donc passer les hommes.

En voilà trois qui se tiennent sous le bras ; leur air est dédaigneux ; ils parlent de la pièce nouvelle, écoutons : « *La donnée* est commune ; c'est mal *charpenté ;* rien *qui soit nature*…. ; le dialogue manque *de trait ;* toutes les plaisanteries *font four*, * etc. » Ce sont les auteurs d'une pièce que l'on répète, et qui ne sont pour rien dans celle qu'on vient de jouer.

Ce Monsieur dont la physionomie manque d'expression, qui même a quelque chose de trivial et de commun, c'est un membre du comité de lecture, une espèce de machine appelée à voter dans les yeux de son chef

* Expressions techniques.

de file , et qui maudit l'obligation où il se trouve quelquefois placé , de motiver ses refus par écrit.

Et cet autre qui bâille : tous les soirs, à la même heure, il est à son poste ; rien ne l'amuse moins que le spectacle ; mais il faut bien qu'il y vienne , puisque sa qualité d'*actionnaire* * lui donne une entrée : il n'est pas homme à faire grâce au public de sa présence.

Quel est ce jeune-homme qui s'assied dans l'endroit le plus apparent , pour prendre des notes ? J'entends : c'est le rédacteur d'une feuille dont le premier numéro a paru la semaine passée, et qui n'existera plus la semaine prochaine.

* Intéressé dans l'entreprise.

Et cet adolescent, qui voit très clair, mais qui se sert d'un lorgnon pour faire voir que sa main est recouverte d'un gant blanc? C'est le troisième clerc d'un notaire voisin, qui se vante de connaître *particulièrement* M. Scribe, parce que cet auteur est sorti du collége de Sainte-Barbe le jour qu'il y entrait. *

Voici deux inséparables qu'on voit partout : leurs cheveux blanchissent ; ils ont des décorations qu'ils cachent ; la Victoire les connaît ;... je les connais

* M. SCRIBE est, sans contredit, l'auteur de vaudevilles le plus piquant et le plus fécond de l'époque, et cependant il n'a fait *tout seul* qu'une seule pièce restée au répertoire, *la Haine d'une Femme.*

aussi, mais je ne les nommerai pas :
tout le monde se retournerait pour les
voir, car tout le monde les *considère*.

Me tromperais-je sur la position,
dans le monde, de ce gros Monsieur
au visage fleuri, qu'accompagnent plusieurs personnes qui l'écoutent en sou-
riant? Je gagerais que c'est, au moins,
un receveur-général... On rit ; aurait-
il, par hasard, laissé échapper un mot
spirituel ? Non ; mais il raconte qu'à
la dernière audience qu'il a obtenue,
Monseigneur lui a dit, en lui donnant
une petite tape sur le ventre : « Nous
comptons sur vous. »

Mais la foule augmente, et je ne
distingue plus les masques ; me voilà
dans la position de cette Dame qui

trouvait qu'à Paris le grand nombre des maisons l'empêchait de voir la ville.

Voici des avocats, des commerçans, des militaires, des écrivains; puis encore des écrivains, des militaires, des commerçans et des avocats. On parle de la nouvelle du jour, des travaux du lendemain, de la pièce de la veille; on discute, on médit; on rit les uns des autres; on se salue, on se reconnaît, on se méconnaît; enfin, c'est là comme partout ailleurs : les plus modestes sont perdus dans la foule, et les plus audacieux cherchent à attirer sur eux tous les regards; on se presse, on se coudoye, on se hâte d'arriver; puis on revient sur ses pas,

jusqu'au moment où le coup de sonnette, d'acteur que vous étiez, vous
change en spectateur. C'est une légère esquisse de la grande scène du
monde.

CHAPITRE V.

L'OPÉRA ITALIEN. — LE GYMNASE. [*]

La mode ne se borne pas à prononcer sur la coupe d'un habit, la forme d'un chapeau, les dimensions d'une

[*] Le Gymnase est le théâtre le plus nouveau de la capitale; sa construction ne remonte qu'à la fin de 1820. Il vient d'obtenir l'autorisation de prendre le titre de *Théâtre de Son A. R. Madame la Duchesse de Berri.*

garniture de robe, ou la couleur de la caisse d'un *Landaw;* les bornes de sa juridiction ne sont pas même exactement posées; la mode exerce une influence immédiate sur les objets les plus graves, les choses les plus sérieuses, les affaires les plus importantes. A Paris, elle dicte des arrêts, elle impose des lois qu'on exécute à la lettre. En province, où l'on craint moins le ridicule, où souvent même on le brave impunément, on modifie l'exécution des volontés de là mode, on va jusqu'à s'en moquer. Dans la capitale, le ridicule est indélébile; il s'y rencontre des gens qui le craignent plus que l'infamie.

Décidément la mode a pris sous sa

puissante protection deux spectacles de genres bien différens : *l'Opéra italien* et *le Gymnase*. Ces deux théâtres servent de rendez-vous à la meilleure compagnie ; et par meilleure, on entend, de temps immémorial, la plus brillante. *M. Bonardin*, si plaisamment représenté par Potier, * n'a pas tort d'assister régulièrement à la sortie de certains théâtres, c'est là qu'on surprend le secret des caissiers ; si vous voyez réunis à la porte un grand nombre d'équipages, dites que la recette est bonne.

Le goût bien prononcé de la géné-

---

* Dans une pièce du théâtre des Variétés, intitulée : *le Petit Corsaire.*

ration actuelle pour la musique, et surtout pour la musique italienne, explique la vogue dont jouit le Théâtre Italien depuis plusieurs années.

Au temps où les Bouffes exploitaient le Théâtre de l'Odéon concurremment avec les seconds Comédiens Français, la colonie harmonieuse établie en ce vaste désert parvenait plusieurs fois, chaque semaine, à le peupler de *dilettanti*; le public s'enfuyait dès que les chants avaient cessé, pour ne revenir qu'au signal que leur donnaient *les Bouffes.* Aujourd'hui on se porte en foule au Théâtre Louvois, dont les voûtes ne redisent plus cependant les accens de Madame Mainvielle.

L'aspect de cette dernière salle, les

jours de représentations d'apparat, est de l'effet le plus séduisant. Celui qu'offre la vaste salle de l'Opéra n'est pas plus beau. Aux Italiens, le silence est de rigueur ; la perte d'une note est sentie à la ronde, c'est une calamité publique. A l'Académie Royale de Musique on semble dire : « Autant » de gagné, » et l'on ne se tait que pendant la danse.

A l'Opéra Italien, les habitués se connaissent et se cherchent ; l'inquiétude est grande, alors qu'on n'aperçoit pas à sa place tel amateur sexagénaire ; autant vaudrait qu'il manquât un des premiers exécutans de l'orchestre, ou qu'on vînt annoncer l'enrouement subit de la cantatrice en

renom. Le public, à l'Opéra, se re-
nouvelle incessamment ; et si l'on ex-
cepte quelques habitués inamovibles
du balcon, et deux ou trois douzaines
de têtes poudrées qui viennent dor-
mir à l'orchestre, on n'y rencontre jamais ce fonds d'intrépides spectateurs
qui semblent défier les événemens de
les faire déroger à leur exactitude.

Le Gymnase a d'incontestables droits
à la vogue dont il jouit ; aucun autre théâtre ne peut lutter avec lui
d'adresse et d'activité. Aux Variétés,
au Vaudeville, on s'endort quelquefois ; le Gymnase veille toujours. On
ne peut rendre trop de justice aux
soins constans qu'on apporte dans les
plus minutieux détails de la mise en

scène, au goût qui préside aux accessoires, aux efforts qu'on ne cesse de
faire pour que ces accessoires soient,
le plus possible, heureusement imités.
Au théâtre, il faut bien se garder de
négliger tout ce qui peut concourir à
compléter l'illusion ; c'est en cela qu'on
excelle au Gymnase. Point de ces vieilles
décorations tachées d'huile, qui rappellent trop au spectateur que les coulisses ne sauraient être, comme la
salle, éclairées par le gaz. Point de
ces figurans, et surtout de ces figurantes, dont les costumes vieux et fanés font penser à ceux de ces petits
comédiens qui ne vont qu'en voiture......... Je connais, à certain autre
théâtre, où l'on chante aussi le vau-

deville, plusieurs couples de figurans des deux sexes, qui, depuis 1794, représentent, sous les mêmes habits, *les jeunes villageois, la suite des princes, les troubadours et les bachelettes.*

On voit souvent, dans les loges étroites du Gymnase, des parures aussi soignées, des femmes d'aussi bon ton qu'aux théâtres royaux (je parle de ceux qui ont encore le privilége d'attirer la foule). Une nombreuse livrée assiége presque invariablement le péristyle et toutes les avenues. Tel manteau brillant, telle riche pelisse a manqué son effet pendant la représentation, qui ne peut manquer d'être aperçu à la sortie ; on triomphe encore avant de remonter en voiture, et le temps qu'on passe à attendre son équipage n'est pas perdu pour tout le monde.

Il est fâcheux pour ce théâtre, et surtout pour les intéressés, qu'on ait repoussé, découragé tous les auteurs, sans aucune exception, qui ont voulu descendre dans l'arène pour disputer loyalement quelques couronnes à M. Scribe, surnommé *le Monopoliseur*. Tous les ouvrages qu'on représente au Gymnase, sans être précisément de la même plume, puisque M. Scribe s'adjoint invariablement un ou plusieurs collaborateurs, ont une teinte d'uniformité qui, bien que spirituelle et piquante, amènera promptement le dégoût et la satiété,

CHAPITRE VI.

LE QUAI AUX FLEURS. *

La nature a revêtu son habit de fête,
ou, si l'on veut, le souffle du zéphyr
a fondu les glaces de l'hiver ; ou, si
l'on veut encore, et pour parler tout

* C'est-à-dire le *Marché-aux-Fleurs*; il borde
la Seine depuis le *Pont - au - Change* jusqu'au
Pont-Notre-Dame.

simplement, le printemps est de retour. Le Quai aux Fleurs, qui pendant la mauvaise saison n'est visité que
par quelques intrépides botanistes,
a repris son importance annuelle : on
y revoit des femmes et des roses.... Le
rapprochement se présente ici de lui-
même ; il me met à l'abri de tout reproche de fadeur.

L'emplacement sur lequel est établi
le Marché aux Fleurs appartient à la
Ville ; il a été cédé par elle à l'Administration des Hospices pour un certain nombre d'années ; cette sage et
prévoyante Administration est chargée
de l'entretien des arbres, de celui des
fontaines, et perçoit de chaque marchande un droit, dont le produit est

destiné au soulagement des malheureux. Les fleurs devraient éclore spon-
tanément sur un pareil terrain ; cependant on est obligé de les y appor-
ter des campagnes avoisinantes.

Les marchandes sont placées sur
deux rangs., à travers lesquels cir-
culent les acheteurs, les indifférens
et les curieux. On compte cinq ou six
fleuristes assez jolies, et surtout pas-
sablement coquettes ; toutes ont la
tête couverte d'un vaste chapeau de
paille, sous lequel on distingue un
petit bonnet de tulle fort élégant. Si
la coquetterie peut être permise, c'est,
à coup sûr, au Quai aux Fleurs. Il
faut bien que ces dames soutiennent
la concurrence qui s'établit naturelle-

ment entre elles et leur marchandise.

Dès sept heures du matin on voit du monde au marché ; mais les belles dames et les Anglais, qui sont toujours là dans la proportion d'un à douze, au moins, n'arrivent guère qu'à dix heures. Le visage des marchandes s'épanouit à la vue de l'insulaire qu'accompagnent une ou plusieurs femmes : ce sont des dupes obligées ; on leur vend tout au centuple, et simplement par esprit national.

On voit sur le Quai aux Fleurs, chaque jour de marché, un escamoteur qui tire les cartes, et une marchande de vulnéraire. Le premier, doué d'une élocution facile, possède un vocabulaire de mots à la portée de ses auditeurs ; ses phrases n'ont rien d'apprêté. « Si je vous promettais la fortune, dit-il ordinairement, je serais un imposteur ; je n'ai point le secret de m'enrichir, et la preuve, c'est que je ne suis pas riche ; mais je puis vous promettre un amant fidèle et généreux, des maris complaisans et des gains à la loterie. » Quant à la marchande de vulnéraire, elle montre aux passans ébahis, un herbier où sont rassemblées, dit-elle, toutes les plantes exotiques qui entrent dans la composition de son vulnéraire : en y regardant d'un peu près, on y distingue de la laitue et des feuilles de choux.

Entre neuf et dix heures, à l'heure du déjeuner, les ouvriers font leurs emplettes. Il est rare qu'ils laissent remporter un seul pot de basilic : un usage traditionnel veut que cette plante fleurisse au rez-de-chaussée, dans la loge du portier, ou bien, au sixième étage, dans la mansarde de l'artisan.

D'autres fleurs, un peu moins communes, vont embellir des jardins d'un pied de profondeur sur trois de largeur, et végéter à l'ombre du cobéa, de la capucine ou du haricot montant. Leur destinée est de mourir à vingt toises au-dessus du sol qui les a fait naître.

Aussitôt qu'arrive *le beau monde*, il faut voir l'empressement des marchandes et l'air affable avec lequel elles accueillent le connaisseur, que suit un homme chargé d'une hotte, ou les élégantes qu'escortent des laquais. Elles se servent alors des noms de fleurs de la nouvelle nomenclature, et les écorchent de manière à faire frissonner un apprenti jardinier du Cabinet d'Histoire Naturelle. *

Peu à peu les fleurs disparaissent, les parterres se dépeuplent, les connaisseurs s'éloignent; c'est une leçon de morale en action : il ne vient pas à telle jeune et jolie personne, que l'œil distingue au milieu des richesses de Flore comme la rose placée sur

* *Le Cabinet d'Histoire Naturelle* est au Jardin du Roi.

une tige plus élevée que les autres fleurs, l'idée que sa beauté doit disparaître aussi.

On emploie toutes sortes de moyens, qu'on dissimule adroitement, pour donner à certaines fleurs l'éclat et la vivacité que leur refuse une nature capricieuse; il faut être en garde contre ces moyens : telle fleur qui vous a paru brillante de santé, est frappée de mort, ou porte dans son sein le germe d'une destruction prochaine. On pare aussi dans le monde une jeune fille qu'on destine aux autels de l'hymen; on cache avec soin les torts de la nature : quand l'amant n'a pas su les découvrir, il faut que le mari les supporte et se taise.

CHAPITRE VII.

UN DIMANCHE DU PRINTEMPS.

Les provinciaux et les gens de la campagne envient le sort des Parisiens. Quel plaisir, disent-ils, d'habiter la première, la plus curieuse ville du monde !..... De leur côté, les Parisiens, que le sort condamne à vivre dans une atmosphère épaisse et malsaine, ont la plus haute idée du bon-

heur qu'on goûte aux champs. Il résulte de cet état de choses que les uns
et les autres sont heureux, ou tout au
moins contens, lorsqu'ils se procurent
un plaisir qui n'est pas habituellement
à leur portée. Aussitôt qu'ils le peuvent, les provinciaux viennent visiter
la capitale : à la première apparence
de beau temps, les Parisiens franchis-
sent gaîment les barrières. Tout est
donc pour le mieux.

Les ateliers sont déserts, les magasins sont fermés, les boutiquiers ont
mis leurs trésors sous la sauve-garde
de vingt barres de fer, et les employés
des administrations, les commis de
toute espèce ont juré de ne rentrer
au logis que parés de la dépouille des

bosquets mystérieux de Belleville, * et pavoisés, pour ainsi dire, de touffes de lilas.

La population entière, avide d'émotions nouvelles, de plaisirs qu'elle ne goûte pas depuis long-tems, s'est élancée dans les rues; elle inonde les promenades et les places publiques; elle déborde partout; elle va chercher la santé, la vie hors des murs d'enceinte, par-delà les limites que le fisc a posées et qu'il recule sans cesse.

Que de corps exténués par la fatigue et les veilles, par les privations

* Les bois de *Belleville* et de *Romainville* sont visités particulièrement par la petite bourgeoisie. Leurs ombrages servent, dit-on, fort souvent de refuge aux amours.

6

ou des causes contraires ! que de visages décolorés, que de santés altérées, de teints flétris ! comme tous ces gens-là ont besoin de respirer l'air pur de la campagne !.... Suivez-les : à peine ont-ils franchi la barrière, vous les voyez entrer et s'entasser dans quelque guinguette où ils resteront jusqu'au soir, peut-être même jusqu'au lendemain, ce qui ne les empêchera pas d'affirmer et de croire qu'ils sont allés se promener.

Où donc êtes-vous, peintres des mœurs ? Prenez vos pinceaux, les modèles posent de tous les côtés ; vous n'avez que l'embarras du choix. Voyez ce mélange bizarre de toutes les modes qui se sont succédé depuis la Régence jusqu'à nos jours, du ministère fameux de l'abbé Terray au printemps de 1824. A côté de ce parapluie primitif est une ombrelle de l'été dernier; un habit marron donne le bras à une robe à la vierge; l'habit habillé se marie à la blouse; le *sirsaka* nargue le *barège*, le *bouracan* lutte avec le *mérinos*, et le *gros de Naples* triomphe du *pékin*.

Remarquez, dans le même groupe, tous les extrêmes, tous les contrastes : le frac anglais écourté et l'habit-redingote à larges basques, la polonaise et la houpelande, le chapeau à la victime et le feutre pointu à la *Robinson*, les formes de l'ancien régime tout près de celles du nouveau; et cette variété

de coiffures de paille, de soie, de bois,
de baleine, d'écorce d'arbre, de ro-
seau, etc. Les hommes se coiffent de
tout, excepté de..... ce qui est bien.

Que ne connaît-on l'histoire de telle
robe, de telle guirlande aujourd'hui
si fanée ! Nos vêtemens sont soumis à
des vicissitudes sans nombre ; ces fleurs
achetées au *marché du Temple*, *
dont les couleurs sont effacées, ont
brillé sur le front d'une riche héri-
tière, une coquette sur le retour s'en
pare aujourd'hui ; elles ont le pou-

* Le Marché du Temple n'est pas un des
moins curieux endroits de la capitale : on y vend
toutes sortes de marchandises de rencontre ; rien
n'y est neuf ; c'est là que se rendent les consommateurs qui ne peuvent pas ou ne veulent pas
dépenser beaucoup.

voir de rendre la vieillesse ridicule.

On prétend que tout le monde étant vêtu de même, il est maintenant impossible de deviner la profession des passans à l'inspection de leur costume : regardez, regardez bien, et vous apercevrez distinctement certaines nuances, certaines habitudes du corps qui d'abord peuvent échapper. L'artisan, le propriétaire, le négociant, l'employé, ont des manières qui leur sont propres. A l'heure de dîner ou à celle de se reposer, toutes ces gens se classent selon leurs goûts, leurs habitudes, leurs prétentions. Voyons-les entrer chez le restaurateur en renom, chez le traiteur modeste, ou dans la boutique du marchand de vin ; le costume alors n'est plus pour rien, le naturel reparaît. Et le soir, dans les spectacles ! la salle n'est-elle pas pleine du bas en haut ? cependant les prix ne sont pas les mêmes.

A peine le soleil est-il couché, que la multitude des promeneurs fait un mouvement sur elle-même, elle rentre dans les murs de la capitale, et jalonne les routes qu'elle suit en s'arrêtant à tous les cafés ; chaque groupe se compose, tour-à-tour, de spectateurs ou d'acteurs, de curieux qui regardent ou d'originaux qu'on observe. A dix heures du soir la foule diminue, à onze heures elle augmente, elle disparaît à minuit.

CHAPITRE VIII.

LES TABLES D'HÔTE.

Il y a dans Paris plusieurs sortes de tables d'hôte; en général, leur aspect diffère on ne peut plus de celui des tables d'hôte de province. On sait par cœur tout ce qui se fait, tout ce qui se dit dans ces dernières; il ne faut pour cela qu'avoir franchi, en diligence, les trente lieues de poste qui nous séparent d'Orléans , ou bien encore avoir risqué, comme tout digne Parisien doit le faire , un voyage à Dieppe ou au Havre *pour voir la mer.*

Je ne veux qu'amener l'attention des chefs de famille sur certaines réunions dont l'appât séduit les jeunes gens sans expérience, et les conduit tout doucement à leur perte. Le nombre en est prudemment limité ; mais quelque peu considérable qu'il soit, il est trop grand encore. A Paris, les maisons de jeu ne sont pas par centaines, cependant on se plaint des malheurs qu'elles occasionnent ; on dit, et l'on a raison, qu'elles ont causé la ruine de plus d'une maison de commerce, et détourné du chemin de l'honneur tel fils non émancipé et tel père de famille qui, sans elles, n'auraient eu rien à se reprocher. Est - ce que les tables d'hôte que je signale paieraient aussi chèrement que les maisons de jeu, le droit de jouir de l'impunité ?

Entrons à cinq ou six heures précises dans un de ces lieux publics ; rien n'annonce à l'extérieur que la maison renferme un établissement où tout ce qui possède une pièce de cinq francs peut être admis, quels que soient le sexe et la condition. Il faut donc être *présenté ;* le cérémonial de la présentation ne doit effrayer personne ; la maîtresse de la maison est invariablement d'une bienveillance proportionnée au costume et à la bonne ou mauvaise

opinion qu'on lui a donnée, à l'a-
vance, de la personne qui survient.
Le parrain, ou présentant, est habituellement un *ami* de la maison,
espèce d'agent ambulant toujours vêtu
selon la dernière mode. On prétend
qu'il perçoit une prime pour chaque re-
crue qu'il fait ; je n'en crois rien : ses
relations sont telles, qu'il serait peu généreux à lui d'y prétendre. Il se paye en
nature, et son couvert est toujours mis.

Le *de*, qu'on ajoute aujourd'hui si
facilement à tous les noms, est un
ornement obligé de celui de la souve-
raine du lieu ; presque toujours l'am-
bitieuse particule est suivie d'un nom
de saint. On n'a pas d'idée de la con-
sistance que cela donne dans un cer-

tain monde : Madame de Saint-Elfride, de Saint-Georges, de Saint-André ; c'est d'un effet sûr. Il n'y a pas de mal qu'on ait marqué dans le monde, n'importe comment, l'essentiel est d'avoir fait naguère parler de soi. Si l'on peut se vanter d'avoir connu particulièrement un lord, d'avoir ruiné un prince russe ou *plumé* un baron allemand, on est entouré de toute la considération imaginable ; c'est la vétérance des femmes galantes ; toutes les autres ne vont qu'aux Invalides. Un autre moyen de succès est d'être attaché, ne fût-ce que *ad honores*, à un des théâtres de Paris, soit comme actrice, soit comme danseuse, soit même comme figurante : qui pourrait alors vous refuser une juste portion d'estime?

La société se compose d'élémens en apparence hétérogènes, et qui pourtant se conviennent très bien : des dupes et des fripons. Ce qui peut arriver de moins malheureux, à la longue, aux jeunes gens qui fréquentent ces maisons, c'est de commencer, comme l'a dit Madame Deshoulières, par être l'un, et de finir par devenir l'autre. Des hommes qui n'ont plus rien à perdre, des escrocs qui ont tout à gagner, et des femmes avec lesquelles on peut tout-à-la-fois perdre et gagner, tel est le fonds des habitués de ces sortes d'endroits. Viennent ensuite les très jeunes gens qui, pour leur malheur, y ont été conduits; quelques personnes qui observent par goût, et enfin ces êtres répandus en si grand nombre dans ce qu'on est convenu d'appeler *la société*, et qui observent par devoir.

Ce ne serait rien que d'aller là pour prendre un ou deux repas; les indigestions y sont moins fréquentes qu'ailleurs; la chère y est, en apparence, recherchée, mais peu délicate, et surtout point abondante. Le dîner n'est que le prétexte de la réunion, c'est le jeu qui en est le but véritable.

A peine a-t-on pris le café qu'on passe au salon, où des tables d'écarté sont en permanence; un voisin fort aimable, qui vous a constamment accablé de politesses, de prévenances affectueuses, vous propose de jouer, à la première partie, *sans revanche*, une bouteille de Bordeaux qu'il a fait venir et dont vous avez sablé la moitié. Vous ne pouvez refuser ; on joue ; il perd et propose la valeur en argent, *sans plus;* il faut bien accepter. Le malheureux perd encore ; il se fâche alors contre la maîtresse de la maison ; celle-ci s'excuse, avec bonhomie, contre les cartes, qui n'en peuvent mais, et qu'on déchire afin de pouvoir en demander d'autres....; la partie s'engage alors, et vous perdez toujours, quoique tout le monde, et particulièrement *ces Dames*, aient constamment parié pour vous, tant vous leur paraissez habile à ce jeu, tant vous leur avez inspiré de confiance !

On revient le lendemain, le surlendemain ; on passe les jours et les nuits au même lieu : comme il n'y a pas d'épines sans roses, vous avez intéressé, par votre infortune, une *Dame veuve*, habituée de la maison en l'absence de son pauvre mari qui voyage à l'étranger ; elle vous a prié de la ramener chez elle, vous y avez consenti : une liaison se forme..... et quelques mois après vous êtes ruiné ou déshonoré.

CHAPITRE IX.

BALS CHAMPÊTRES,

intra et extra muros.

Si le plaisir est quelque part, ce doit être au milieu de ces réunions animées et bruyantes que Momus et les gendarmes semblent avoir prises sous leur protection, et dont la direction et la surveillance leur sont exclusivement confiées. Une garde nombreuse, active et protectrice, veille à la porte de *Tivoli*, de *Beaujon*, * comme à celles du *Salon de Flore* et de l'*Ile d'Amour*; mais on serait quelquefois tenté de croire qu'elle a pour consigne de ne laisser entrer la joie et le contentement que dans ces deux derniers jardins ou dans ceux qui leur ressemblent. Disons-le franchement, le Plaisir a mauvais ton; cet enfant de l'indépendance s'accommode mal de l'étiquette et des belles manières.

---

* Les deux plus beaux Jardins publics, tenus par des particuliers, qui soient à Paris. Bientôt ils auront cessé d'exister : des spéculateurs ont acheté les terrains pour y bâtir.

Pendant qu'on se promène triste-
ment dans la belle allée de Tivoli, en
attendant le feu d'artifice, on s'amuse,
on rit, on danse, on mange, on boit
sous les bosquets plébéiens de *Filard*
et de *Desnoyers* ; * l'activité la plus
piquante et le mouvement le plus va-
rié se font remarquer dans les salons
de trois cents couverts du *Caprice* et
du *Sauvage*. La *Rotonde de Mars* **
et le bal du *Zéphyr* ne désemplissent
pas ; on se bat à la porte, mais c'est
pour entrer ; une fois dans l'intérieur,
on redevient amis, on se tend la main

* Guinguettes fort connues. Voir, pour l'ex-
plication du mot *guinguette*, le Chap. XI.
** *Idem.*

pour former la *chaîne anglaise*, et l'on trinque gaîment, entre deux contre-danses, avec du vin à dix ou à douze sous.

J'ai nommé le *Bal du Caprice*; c'est là que, soit à cause du nom, ou pour tout autre motif, on voit un plus grand nombre de belles. Le bal *du Caprice* est situé dans la rue des Martyrs; il ne paraît pas que ce soient les rigueurs du sexe qui aient fait donner ce nom à la rue où l'établissement est situé. Vient-on prier les habituées pour une contre-danse? on ne s'expose jamais à un refus; et tel est l'ordre que ces beautés mettent dans leurs plaisirs, qu'un cavalier succède à un autre sans qu'il en résulte jamais une rixe dan-

gereuse ; tous leur conviennent, pourvu qu'ils se présentent l'un après l'autre : le cumul n'est permis qu'avant
ou après le bal.

Les *Corybanthes* sont situés hors
la barrière du Trône, dans l'avenue
de Vincennes. Je défie l'étymologiste
le moins embarrassé, d'expliquer le
genre d'analogie qui peut exister entre
les prêtres de Cybèle, à qui on confia
l'éducation de Jupiter, et les habitués
de ce bal champêtre ; en vain me di-
rait-il que les *Corybanthes* ou *Curètes*
célébraient leurs fêtes « en battant le
tambour » (c'est-à-dire la caisse), en
courant, sautant et dansant comme
des insensés, il ne saurait exister de
comparaison. *La société*, en hommes,

se compose ordinairement des hôtes d'une caserne voisine ; il faut qu'ils s'observent là comme à l'exercice, et s'amusent jusqu'à une heure donnée : s'ils s'oublient un instant et manquent l'heure de l'appel, chaque retard leur est fatal, et se paye à raison d'un jour de salle de police par minute de plaisir.

Tel est le bon ordre qui règne en ce lieu, qu'un avis affiché porte que les *cavaliers* devront garnir de linge la molette de leurs éperons, par égard pour les robes des Dames. L'entrée de ces bals est gratuite, et le cachet ne se paye ordinairement que vingt centimes. Il n'y a guère que la *Grande Chaumière* et le *Jardin du Delta* où l'on paye à la porte. Dans ces deux derniers endroits, où d'ailleurs on voit *de plus beau monde*, le cachet de contre-danse se paye cinq centimes de plus; mais qu'est-ce qu'un sou quand on songe aux *connaissances* qu'on peut y faire : point de casaquins, de robes de toile, de bonnets ronds; des chapeaux, des barèges, des écharpes, des sautoirs, et même des cachemires. On a vu quelquefois, au *Delta*, des marchandes de modes de la rue Vivienne, qui, au risque de se mésallier, donnaient le bras à de simples élèves en droit ou en médecine.

C'est à la *Grande Chaumière* que je donnerais la préférence sur tous les autres bals champêtres ; le jardin est entretenu avec goût et recherche; on y trouve un excellent restaurateur, des cabinets particuliers et *des Montagnes.* C'est aussi là qu'on entend les contre-danses les plus jolies : *l'Hortense de l'École des Vieillards* n'y est déjà plus nouvelle ; on y danse *la Romantique* et *la Solitaire*, et *la Rentière* est fort goûtée. *

O vous, oisifs de la capitale, qui ne savez plus où passer une heure sans ennui, qui bâillez partout comme on bâille à l'Académie Royale de Chant, ou à l'autre Académie, allez visiter *le Salon de Flore*, celui *de Mars*, *le*

* On donne presque toujours aux contre-danses des noms de circonstance. A l'époque où ceci a été écrit, on s'occupait beaucoup du fameux projet de loi sur la réduction des rentes.

Caprice, *le Sauvage*, *les Coryban-thes*, et vingt autres endroits de même sorte ; abordez surtout *à l'Ile d'A-mour*, et si vous n'y trouvez pas le plaisir que vous cherchez, où voulez-vous qu'il soit ?

CHAPITRE X.

PROMENADES PUBLIQUES.

L'ORGUEIL, le luxe et la vanité ont établi partout des distinctions ; les gens riches, comme ceux qui veulent le paraître (et dans Paris la différence n'est pas toujours visible au premier coup - d'œil), les gens riches ne se *mêlent* jamais avec les pauvres, dans la rigoureuse acception du mot. Une élégante dédaignerait de respirer le frais au Luxembourg, au Jardin-des-Plantes ; un *fashionable* aimerait autant rester dans sa chambre que se promener à deux portées de fusil du boulevard de Gand : il faut qu'il étouffe à quelques pas de *Tortoni*. *

Le Jardin des Tuileries est, de toutes les promenades de la capitale, le seul endroit où se réunissent, sans jamais se confondre, toutes les classes d'oisifs et de promeneurs. Remarquons bien cependant que le public *de la belle allée* est parfaitement étranger à celui de la grande, et que tel habitué de la

* Glacier très connu ; c'est le rendez-vous des joueurs à la rente ; *la petite Bourse*.

Petite - Provence * n'est jamais venu respirer le parfum qu'exhalent les orangers dans la portion du jardin que la mode a prise sous sa protection. Cette promenade a son *quartier St.-Antoine*, sa *Chaussée-d'Antin*, et surtout son *faubourg St. - Germain*. Le dimanche seulement, par suite d'une usurpation que le temps, d'accord cette fois avec la justice, a définitivement consacrée, il n'y a presque plus de distinctions aristocratiques dans ce beau jardin; toutes les classes y sont confondues, ou plutôt une seule

* On appelle ainsi l'endroit du jardin où se réunissent les vieillards. Il y fait très chaud; de là le nom de *Petite-Provence*.

y domine; on n'aperçoit alors que des nuances. Mais comme tout est à sa place le lundi ! Les loueuses de chaises, qui traitent un peu cavalièrement les masses dominicales, se sont hâtées de reprendre les formes polies de la semaine; une bonne partie des chaises sont mises en non activité, et tapissent le pied de la terrasse des Feuillans; les *Dames* privilégiées qui donnent des journaux en lecture ont retrouvé leur importance, et le beau monde a reconquis sa place.

Pénétrez, de deux à trois heures de l'après-midi, sous les arbres de l'allée où l'on peut se faire voir sans courir le risque de déroger; observez comme on y est gourmé, roide et mal à son aise ; comme on s'y observe tout en observant. Prêtez l'oreille : toutes les dénominations féodales sont employées ; pas un nom qui ne soit précédé du fameux *de*, pas une femme qui ne soit titrée, pas une boutonnière veuve de ses rubans : c'est le faubourg Saint-Germain daignant prendre l'air.

L'allée qui sépare les deux bassins est, comme l'orangerie, abandonnée aux marmots et aux bonnes. L'autre extrémité de la vie a pris poste à la *Petite-Provence*, et Dieu sait la peine que se donnent chaque jour les gardiens, lorsque, après la retraite battue, il s'agit de remettre sur pied de vénérables patriarches toujours prêts à prendre racine à la place où ils se trouvent, dont les jambes séditieuses crient à l'oppression au moment de se remettre en route, ét qui n'évacuent le jardin qu'en maudissant leur âge et la consigne.

Les Champs-Élysées ont beaucoup perdu de leur ancienne importance. Nos gens à la mode sauraient-ils aujourd'hui que cette promenade existe, s'ils ne la traversaient, à cheval ou en voiture, pour se rendre *au Bois ?* * Des restaurateurs, des cafés, qui restent pendant les trois quarts de l'année

* Le Bois de Boulogne ; il est toujours du bon ton de s'y montrer à cheval. C'est le but obligé et le terme de toutes les promenades en voiture.

enfouis dans la boue ou sous la neige, essayent de s'indemniser pendant les deux ou trois mois de beau temps que leur accorde l'inconstance du climat. C'est aux Champs-Élysées, sur les gazons flétris du carré de Marigny, que les joueurs de boule et de balon s'escriment entre deux averses. Le dimanche et le jeudi, de nombreux détachemens des pensions de la capitale y font de grandes parties de barres. A l'extrémité ce cette promenade, tout près de l'Allée des Veuves, est un jeu de balle, au tamis, où se font quelquefois des paris considérables.

Traversons l'eau et entrons au Luxembourg : nous avons sous les yeux un autre monde et d'autres usages ; aux bonnes, aux enfans, aux rentiers, qui forment le fonds obligé de toute promenade, on voit ici se joindre les étudians, qui viennent oublier *Pariset* et *Delvincourt* en respirant l'air pur de la grande allée. A leur démarche aisée, à leur air franc et ouvert, on voit que ces jeunes gens, espoir de la patrie, sont là comme chez eux; leur voisinage intéresse, amuse. Comparez cette jeunesse, ses habitudes, ses plaisirs, à d'autres adolescens qu'on rencontre en foule sur la rive gauche de la Seine. *

Voyez-vous sur cette chaise, au pied d'un marronnier, une jeune femme

* Les Séminaristes.

enveloppée d'un long schall, cachée à demi sous un chapeau de paille où flotte un voile modeste et léger ? Ses grands yeux bleus, ses petites maniè-res, son regard, tantôt languissant, tantôt animé, semblent toujours épier une conquête. C'est une favorite de Thalie, * *grande coquette*, par état et par goût ; auprès d'elle est une prê-tresse de Melpomène, dont le lorgnon ne cesse d'être braqué sur un jeune disciple de Cujas : ces dames sont en-tourées d'un essaim turbulent et joyeux d'enfans, gage certain d'un aimable abandon.

* Le Théâtre de l'Odéon est voisin du Luxembourg.

Hâtons-nous d'arriver au Jardin-
des - Plantes pour assister au repas
des animaux; car c'est un plaisir très
recherché que celui qu'on se procure
au moment où le tigre, l'ours et le
lion déchirent à belles dents les morceaux de viande qu'on leur jette; et
plus d'un bourgeois de ces contrées
aspire en vain, depuis long-temps, à
l'honneur de voir dîner l'éléphant et
les singes.

Comme ce magnifique jardin est
un lieu dont on recommande la visite aux étrangers, la physionomie
des promeneurs ne saurait être une;
ainsi varie-t-elle en raison des heures
et des saisons. Le dimanche excepté,
il est rare d'y voir la foule; encore y

a-t-il des endroits, même ce jour-là, où un misanthrope peut aisément se procurer le plaisir de la solitude. Rien ne ressemble plus que le Jardin-des-Plantes à une promenade de province; on y est à mille lieues de Paris. Un peintre qui voudrait former une collection des modes qui ont signalé l'époque qui a précédé notre révolution, ne pourrait mieux faire que de visiter ce jardin; il serait sûr d'y retrouver des habits, des chapeaux, des perruques, et peut-être même des têtes qui datent de la Régence.

CHAPITRE XI.

—

LES GUINGUETTES.

Il y a des Parisiens, et même des Parisiennes, qui ne savent pas tout. Les gens du monde que le hasard, la naissance, et quelquefois leur propre mérite, ont placés sur le dernier échelon de l'échelle sociale, ignorent jusqu'au nom des lieux de plaisir dont je vais occuper le lecteur. Qu'est-ce qu'une guinguette? Telle pourrait bien être leur première question. On donnait jadis ce nom à des voitures incommodes et pesantes qui transportaient nos pères dans les villes voisines. La portière était placée à la partie postérieure du char, absolument comme l'est celle de l'équipage d'osier que Thémis accorde gratuitement à ceux contre lesquels elle informe.

Une guinguette est aujourd'hui le rendez-vous de ces honnêtes bourgeois qui, dans la belle saison, vont tous les dimanches régulièrement, respirer l'air de la liberté hors des murs de la capitale, et se charger l'estomac de mets qu'il faut, vu la concurrence, emporter, pour ainsi dire, à la pointe de l'épée.

Tel artisan laborieux, tel commer-
çant aisé qui ne prend pas la moindre
part à tout ce qui se passe autour de
lui, et qui répète gravement, après
ceux qui ont intérêt à le faire croire,
qu'un citoyen ne doit pas se mêler des
affaires de l'état ; tel brave homme qui
sacrifie, sans réclamer, plusieurs nuits
par an à la tranquillité publique, * crie-
rait partout qu'on froisse sa liberté in-
dividuelle, s'il ne lui était pas permis
d'aller le dimanche, en famille, se

* Il s'agit ici du service de la garde nationale.
On vient, tout récemment, de le diminuer de
beaucoup : est-ce pour soulager les citoyens?
Ne serait-ce pas plutôt que l'institution de la
garde nationale est *révolutionnaire* comme celle
du jury et quelques autres?

disputer à la guinguette le rôti de veau et la salade de romaine. De graves préventions s'élèvent contre les guinguettes en général : il y a d'obstinés pessimistes qui ne renonceraient pas , pour tout au monde, à l'idée qu'on y fabrique dans la semaine le vin qui s'y boit le dimanche. D'autres lèvent les yeux vers le ciel, en regardant les toits , dès qu'on leur parle d'un civet de lapin... Je n'examinerai pas à quel point ces préventions sont fondées ; il faut d'ailleurs que tout le monde vive , et c'est pour cela sans doute que les guinguettes sont instituées.

Un chef de guinguette qui entend les affaires , sait dès le vendredi quel temps il fera le surlendemain. Le choix

et le nombre des provisions se règlent
sur les variations du baromètre. Souvent les plus savantes combinaisons
sont dérangées par un orage qui vient
fondre à l'improviste sur les barrières.
Malheur alors, cent fois malheur au
consommateur citadin qui arrive avec
de l'appétit le dimanche suivant! il
faut, bon gré mal gré, qu'il avale ,
qu'il digère même , et surtout qu'il
paye ce qui devait figurer sur les tables au précédent dimanche. En effet,
ce n'est la faute de personne ; les mets
sont plus fortement épicés, les viandes
plus tendres et d'un plus haut goût. On
boit quelques bouteilles additionnelles,
et la compensation se trouve établie ,
au moins dans le comptoir de l'hôte.

C'est un dimanche, par un beau jour d'été, de quatre à six heures du soir, qu'il faut voir l'intérieur d'une guinguette. La cuisine offre le point le plus curieux; de tous les cabinets particuliers, des bosquets du jardin, des *salons* de cinquante à cent couverts, des chambres de *société*, de partout enfin arrivent en foule des fondés de pouvoirs qui viennent là se disputer la finè éclanche, le quartier de bœuf, le rôti de veau, la salade de laitue ou de chicorée. Un étranger croirait que tout s'y donne pour rien, et que les gouvernans défrayent ce jour-là les contribuables qui mettent la nappe pour eux tout le reste de l'année. On n'entend qu'un murmure

confus de récriminations : « Garçon,
mon chapon ? — Monsieur, le voilà.
— Chef, nos biftecks ? — Vous êtes
sur le gril. — Mon rôti ?.... — On va
vous mettre à la broche..... — Le
compte ?...... ma carte ?...... — Du
vinaigre au n°. 2.....; de l'eau au
n°. 20...., etc. »

Mais ce n'est rien encore; en vain
le chef, ses aides, ses marmitons, ont
prudemment placé une énorme table
de cuisine entre les provisions et les
consommateurs, chacun veut être servi le premier; tous veulent avoir le
meilleur morceau. Que font alors les
habitués ? Ils interpellent par son nom
celui d'entre les distributeurs qu'ils
ont l'honneur de connaître; on se

réclame de qui l'on peut ; on fait va-
loir tôutes sortes de titres pour obtenir la préférence : Mademoiselle, c'est
moi qui étais au n°. 10 dimanche dernier. — Madame, j'ai été envoyé ici
par votre cousin de la barrière des
Martyrs.

Monsieur, je suis bâtard de votre Apothicaire....

Vers la brune, l'appétit est satisfait, tant bien que mal ; on a mangé
bruyamment, en se racontant les
prouesses de la cuisine, les larcins
qu'on a faits aux autres, les peines
qu'on s'est données ; tel gigot a coûté
un pan d'habit ; telle volaille a été
conquise à coups de poings. On rit, on
boit, on crie, on chante, jusqu'au

moment où l'on obtient, après des demandes réitérées, le compte de la dépense : c'est véritablement le quart-d'heure de Rabelais ; il est rare que la gaîté ne s'envole pas à l'aspect du garçon qui apporte la carte, ou plutôt la pancarte, qu'on doit acquitter sans réclamation, si l'on n'a eu la sage précaution de convenir des prix à l'avance. Il est toujours bon de s'entendre avec les gens qui ont intérêt à profiter de nos fautes. Demandez plutôt à certains hommes d'état.

CHAPITRE XII.

LES CAFÉS-RESTAURANS.

Les établissemens de ce genre ont acquis, depuis quelque tems, un grand accroissement d'importance : il est tel, que les restaurateurs s'en sont montrés jaloux. A une époque assez reculée, on n'allait au Café que le matin, lorsqu'on ne voulait pas déjeuner solidement, ou le soir après le dîner. Un

consommateur qui ajoutait une flûte
et un pain de beurre à sa tasse de café
au lait, était un homme que les garçons distinguaient, et que la dame
du comptoir accueillait avec un sourire. L'Anglomane qui se faisait servir
un *thé complet*, pouvait hardiment
s'approcher de cette dernière ; il avait
droit à une œillade. Essayez aujour-
d'hui d'occuper à vous seul une table
qu'on a destinée aux déjeuners à la
fourchette, en vous contentant d'une
simple tasse de café au lait (car je
n'ose dire à la crême, tant je tiens à
me servir du mot propre) ; un garçon
viendra, d'un air dédaigneux, après
que vous l'aurez apostrophé dix fois,
vous offrir un bifteck ou des rognons,

et vous demander quel vin il faut vous servir. Je conviendrai, de bonne grâce, que les garçons ne sont nulle part autorisés légalement à commettre des impertinences, mais il en est qui s'en permettent : c'est la beauté qui siége au comptoir qui doit guérir avec ses yeux les blessures que font les garçons à l'amour-propre des consommateurs.

Dès dix heures du matin, la majeure partie des tables de marbre d'un café - restaurant se couvrent d'une nappe et d'un service de table. A onze heures, les déjeuners sont commencés ; vers une heure après midi, tout est à-peu-près terminé. Sur les trois heures on sert l'absynthe apéritive ; à cinq, on verse déjà quelques tasses de café à l'eau ; le règne des rafraîchisse-mens commence au moment où le jour finit ; enfin, lorsque les spectacles se ferment, quelques tables sont de nouveau couvertes d'une nappe.

La société change autant de fois qu'il se fait de services différens. A neuf heures du matin, les employés prennent la tasse de café au lait ou la bavaroise au chocolat, qu'ils accom-pagnent d'un nombre de flûtes su-bordonné à leur appétit. On a vu tel expéditionnaire en dévorer jus-qu'à six, en regardant d'un air de dé-dain le buffet où sont étalés les objets de primeur, les viandes et la char-cuterie.

On voit arriver à midi les jeunes

élégans qui, douze heures avant, sou-
paient au même lieu, bien moins par
appétit que pour reculer le moment
où l'on doit se livrer au sommeil.
Leur lorgnon passe alors, avec une
étonnante rapidité, du buffet au comptoir et du comptoir au buffet; on veut
savoir en même temps si le cœur de
la divinité du lieu est ouvert aux émotions douces, et si les filets de bœuf
sont tendres. Les plus entreprenans,
après avoir pris position auprès de la
dame, risquent un geste un peu vif,
un mot tant soit peu hasardé, qui
passe à la faveur de l'appétit qu'on leur
suppose. Il n'y a pas moyen de faire
la cruelle avec un consommateur qui
parle de dépenser cinquante francs

pour un déjeuner, les rigueurs sont pour les gens qui ne consomment point.

La politesse se règle assez communément sur l'importance de la carte à payer : celui qui arrose sa côtelette d'une modeste demi-bouteille de vin qu'il mesure de l'œil, n'a pas droit aux égards que peut réclamer, le code à la main, le brillant habitué qui demande, à la moitié de son repas, de la tisane de Champagne, et termine par le Madère ou le Malvoisie.

Je connais des habitués qui évalueraient, à un franc près, tel regard aimable, telle attention bienveillante de la maîtresse de la maison. Il faut bien qu'il en soit ainsi lorsqu'elle est jeune et jolie ; les gens qui dépensent beaucoup veulent en avoir pour leur argent.

Plaignez de tout votre cœur les oisifs de bonne foi, les piliers de café, les provinciaux qui viennent s'installer, pour un verre d'eau-de-vie, à une table qui pourrait être plus utilement occupée ; en vain ils demandent du ton le plus suppliant *le Constitutionnel* et *le Courrier français*, *le Mercure* ou *le Diable boiteux* ; on leur apporte *la Gazette de France* et *le Journal de Paris*, et quelquefois même un garçon impatienté les menace du *Moniteur*.

Ce n'est qu'après les déjeuners que cette classe d'hommes , qui pullule dans les cafés, peut espérer quelque repos. Alors tout leur appartient dans les salons ; ils peuvent user de tout : j'entends de tout ce qui se prend *gratis*.

CHAPITRE XIII.

LES COULISSES D'UN THÉATRE.

A moi, Lesage ! accours à mon aide, et donne-moi le fil qui doit me guider dans le labyrinthe inextricable où je m'engage aujourd'hui ! Le rideau cache au public des scènes bien autrement plaisantes que celles qu'on lui montre pour son argent ; une esquisse de quelques-unes de ces *bambochades* pourrait offrir des détails assez gais, assez piquans : essayons-la ; mais laissons dans l'obscurité tout ce qui ne peut ou ne doit pas être mis au grand jour.

Si le diable est quelque part en permanence, à coup sûr c'est dans les coulisses ; c'est là qu'il règne en despote avec un autre démon qu'on appelle ailleurs l'*amour*. Les attributs de ce dernier n'y sont pas les mêmes que dans la société ; on le représente là avec des ailes aux pieds, comme Mercure, et causant avec cet autre dieu qu'on appelle *Plutus* ; les nymphes de la cour de Terpsichore, comme celles qui sacrifient à Thalie, ne conçoivent pas l'un sans l'autre.

Le diable n'a nulle part autant de

besogne que sur les planches; la vie entière des comédiens lui appartient de droit; tous ces gens-là se sont donnés à lui; aussi préside-t-il à toutes leurs actions, et même à leurs paroles; rarement ce qui se dit dans les coulisses est autre chose qu'une diablerie.

Prenons le moment où l'on vient de baisser la toile, examinons les masques. Des groupes sont formés; les acteurs de la pièce qu'on vient d'achever, empressés de se débarrasser du costume qu'ils avaient pris, remontent dans leurs loges; les plus diligens de ceux qui vont paraître attendent que leur tour soit venu; quelques uns (en petit nombre) ont l'air d'étudier; en général, ce soin est de mauvais ton, et sent la province d'une lieue; on doit tout savoir sans rien apprendre; et d'ailleurs il suffit qu'on ait joué une fois un rôle, n'importe comment, pour qu'on se croye dispensé de toute nouvelle étude.

Ici on fait cercle autour de l'actrice ou de la danseuse à la mode; on quête un regard, on mendie une parole; heureux le mortel qu'on sort un instant de la foule en lui adressant un mot qui ne signifie rien; plus heureux celui qu'on charge de tenir la pelisse au moment d'entrer en scène, ou sur lequel on s'appuie une minute pour faire un *battement*, ou rattacher le cordon d'une chaussure en désordre!

Là, on entend d'un côté fredonner

une ariette, et de l'autre déclamer les fragmens d'une tirade. Pendant que les garçons de théâtre, chargés de faire le changement de décorations, crient et s'appellent dans les *frises* ou dans les *dessous;* que le régisseur prévient qu'on ne tardera pas à commencer, le directeur se promène gravement, distribuant à la ronde un coup-d'œil protecteur, ou tâchant d'échapper à tel auteur qui demande qu'on *remonte* sa pièce; à tel autre, qui prie qu'on mette enfin la sienne à l'étude; à un troisième, qui veut connaître le répertoire de la semaine afin de savoir si *on le joue.*

Un bourdonnement de fadeurs, de mots fins ou piquans, de saillies, de reproches, d'aveux et de niaiseries, se fait entendre incessamment; il s'y mêle jusqu'à des promesses de fidélité... On se marchande, on se prend, on se quitte, on se querelle, on se raccommode, on se lutine, on se fâche. Cependant le service se fait : les pompiers de garde ont l'œil sur les quinquets, les *comparses* arrivent et se promènent gravement dans le costume banal qu'on leur a fait endosser; les musiciens, à qui l'on n'a pas dit encore : « A l'orchestre! Messieurs, » font la cour aux dames des chœurs; le maître des ballets répète une entrée avec des danseuses, et l'auteur de la pièce indique à tel acteur, dont l'intelligence est paresseuse, un moyen de *faire de l'effet* avec tel geste ou tel mot. Le médecin du théâtre est en conversation réglée avec une ingénue qui lui parle à l'oreille; le capitaine des pompiers cause, pour passer le temps, avec une duègne dont le feu est depuis long-temps éteint; le costumier écoute un jeune premier qui se plaint qu'on ne dissimule pas assez adroitement les défauts de sa taille; enfin la première actrice, escortée de deux habilleuses, descend de sa loge, belle des attraits de l'administration, et prélude à ses triomphes. C'est toujours elle qui se fait attendre... On est en retard; le public s'impatiente et siffle : on demande « si tout le monde est là; » le régisseur arrache les musiciens aux délices de la scène et les renvoye de l'autre côté de *la rampe ;* il crie : « Place au théatre ! » et frappe trois coups de son bâton. On joue l'ouverture : la foule des importuns, qui se compose habituellement des actionnaires, des auteurs, des peintres, des machinistes, de quelques écrivains, des *maris* de ces dames et des comédiens qui ne jouent pas, reflue dans les coulisses ; les acteurs se préparent à soigner leur entrée ; on lève le rideau, tout le monde se tait, le souffleur est à son trou, la pièce commence.

CHAPITRE XIV.

LES MARCHANDS DE CONTREMARQUES.

La capitale nourrit des milliers d'individus dont l'existence est un problème ; ce n'est que dans les bureaux de la police qu'on en pourrait trouver la solution. Sans parler de ces myriades de fainéans, de gens sans aveu, qui se lèvent avec le jour sans savoir quels moyens ils emploieront pour se procurer le strict nécessaire, il se trouve à Paris un grand nombre d'hommes qui exercent des industries que j'appellerai *relatives ;* ce sont des professions pour ainsi dire acciden- telles, à la suite des professions re- connues, avouées. Après les moisson- neurs arrivent les pauvres gens qui glanent ; les hommes dont je veux parler sont les glaneurs du vaste champ de l'industrie.

Les marchands de contremarques doivent être rangés dans cette der- nière catégorie ; il n'y a guère que Paris, Lyon et peut-être Bordeaux, qui en possèdent ; partout ailleurs ils sont inconnus.

C'est à la porte des théâtres, grands

et petits, qu'ils s'établissent d'une manière ostensible et vers la moitié de la soirée ; jusque-là leur existence est occulte ; ils se cachent avec soin à tous les yeux. La plupart font précéder leurs occupations du soir d'autres occupations à-peu-près du même genre ; ils retiennent des places *à la queue*, les jours de grande représentation, pour les céder ensuite à l'amateur en retard ; ou prennent au bureau des billets qu'ils revendent à haut prix. Il en est, et c'est peut-être le plus grand, nombre, qui, la brosse à la main pendant toute la journée, ont opéré sur le Pont-Neuf ou ailleurs.

Les marchands de contremarques qui exploitent les théâtres royaux, ont une sorte d'existence civile ; ils sont comme enrégimentés, et portent un uniforme et une plaque sur la poitrine ; ceux - là sont les privilégiés ; (où le privilége ne se fourre-t-il pas !) les autres sont les *parias* des temples élevés aux muses dramatiques. Tous se placent aux issues, qu'ils encombrent au moment où finit la première pièce, et, la main tendue, ils répètent sans cesse et comme en chœur : « Votre contremarque, Monsieur, s'il vous plaît ? » Les plus humbles, c'est-à-dire les plus adroits, ceux qui possèdent une connaissance plus approfondie du cœur humain, ne se bornent pas à cette phrase bannale, ils disent : « Votre contremarque, NOT'MAÎTRE? » Ces derniers mots sont d'un plus puissant effet; ils décident le mouvement d'abandon de la précieuse contremarque ; elle tombe dans leur chapeau au son de cette phrase si douce à l'oreille : NOT'MAÎTRE !

Un marchand de contremarques a tout à gagner et rien à perdre ; il ne risque guère que son temps ; je ne connais pas de commerce plus avantageux. Et que l'on n'aille pas s'imaginer que le premier venu puisse l'exercer ; une fois une contremarque acquise, il faut savoir en tirer le meilleur parti possible, et, pour cela, celui qui la vend doit connaître le répertoire en entier ; la valeur de la contremarque est subordonnée au mérite de la pièce qu'on joue, à la réputa-

tion des acteurs qui la représentent ;
cette valeur ne diminue-t-elle pas d'ail-
eurs à mesure que la soirée avance,
et n'est-il pas indispensable de piquer
la curiosité de l'acheteur par tous les
moyens imaginables ?

Or, cette érudition ne saurait s'ac-
quérir à la porte, il faut bien pénétrer
quelquefois dans le temple, et c'est ce
qu'on fait ; les attributions changent
alors, on devient *claqueur*. Avance-
t-on ou recule-t-on ; est-ce monter en
grade ou descendre ; quel est le plus
ignoble ? C'est ce que je ne saurais dé-
cider ; ce qu'il y a de certain, c'est que
ces deux professions se donnent la
main et se prêtent généreusement un
mutuel appui ; le cumul est même to-

léré, c'est le propre de tous les mono-
poles.

Il y a des théâtres où le nombre des
marchands de contremarques est si
considérable, qu'il est presque impossible, à une certaine heure, de passer
tranquillement dans la rue où ils sont
situés ; il faut fendre la presse et se
faire jour à travers ces messieurs. *

A la fin du spectacle, on voit les
marchands de contremarques subir
une nouvelle et dernière métamor-
phose ; ils font l'office de commission-
naires, au préjudice des hommes honnêtes qui ne sont que cela ; ils vous
proposent d'appeler « votre voiture et

* Le théâtre de l'Opéra-Comique est de ce
nombre.

vos gens; » vous procurent un flacre en payant, et se font encore payer le service qu'ils vous rendent, malgré vous, d'ouvrir la portière et de baisser le marche-pied de l'incommode phaéton dans lequel ils vous emballent.

CHAPITRE XV.

LE QUARTIER DU PALAIS-ROYAL.

Si Paris est, comme on l'a souvent répété, la capitale de l'univers, le quartier du Palais-Royal en est l'abrégé. Long-temps il a été le quartier par excellence ; il était du meilleur ton d'y demeurer, avant que la Chaussée-d'Antin n'attirât à elle tous les heureux du jour. C'est encore le centre des af-

faires, le rendez-vous des étrangers,
et surtout celui des provinciaux; mais
le temps de sa grande vogue est passé.
D'autres quartiers se sont embellis, et
disputent aux environs du Palais-Royal
l'honneur de fixer l'attention du voya-
geur. Hélas! le Palais-Royal lui-même
est-il actuellement ce qu'il était autre-
fois? Si son jardin est encore fréquenté
pendant la belle saison, ses portiques
sont déserts, et ses beaux magasins
attirent bien moins d'acheteurs que de
curieux.

Notre siècle, ou, si l'on veut, l'époque actuelle étant l'époque des dîners
et de la bonne chère, on visite encore
les salons des *Frères Provençaux*,
ceux du restaurateur *Prévost*, le local

trop étroit du successeur de *Véfour*,
et même le bel établissement tenu par
les neveux du fameux *Véry*; le *Café
de Foy* n'a rien perdu de son ancienne
splendeur; on se repose avec plaisir *à
la Rotonde*, auprès de laquelle viennent de s'établir des bains fort élégans;
on prendra toujours de bon café chez
Sabatino, et l'on se disputera long-
temps encore un coin de table chez
Lemblin. Mais l'éclat dont brillaient
les marchands de nouveautés est éclip-
sé par ceux des quartiers circonvoisins;
mais les bijoutiers, les tailleurs, les
marchandes de modes de la rue Vivienne, ont obtenu une préférence
marquée et qui se soutient. Jadis on
achetait au Palais-Royal; de nos jours

on s'y promène, et souvent même on
ne fait que le traverser avec indifférence : *sic transit !*....

Chaque peuple à son tour a brillé sur la terre.

Aucun quartier de la capitale ne
saurait cependant soutenir la comparaison avec celui du Palais - Royal.
Dans un rayon de peu d'étendue on
trouve deux promenades, dont une
magnifique, les *Tuileries ;* les plus
beaux boulevards sont voisins ; cinq
théâtres, le *Théâtre-Français,* l'*Académie Royale de Musique,* l'*Opéra-
Comique,* l'*Opéra-Italien* et le petit
Vaudeville, se partagent chaque soir
les amateurs avec les *Variétés,* qui
sont à la proximité de tout. La *Bourse,*

la *Bibliothèque*, la *Banque*, la *Tré-
sorerie* et les *Postes*, s'y trouvent
réunies. Les plus importantes messa-
geries ont leurs bureaux dans ce quartier, et les trois cinquièmes des maisons, au moins, ont été, dans certaines rues, converties en hôtels garnis.

Tout ce qu'ont inventé les arts et la
civilisation, toutes les commodités du
luxe, toutes les recherches du goût et
de la mode, on peut se les procurer
sans sortir de ce rayon : ailleurs, tout
est imitation; là, tout est modèle.
Chose inouie! l'éclairage par le gaz a
eu quelque peine à s'y naturaliser. Le
faubourg Saint-Germain, que le siècle
traîne, dit-on, à sa suite, avait adopté
ce mode avant qu'on y songeât au

Palais-Royal ! Et, qui le croirait ? c'est un limonadier de la place de Grève qui, le premier, a renoncé à l'huile de ses pères ! Honneur à ce vétéran du gaz, à ce patriarche de l'innovation lumineuse !

Les trois rues les plus remarquables de ce beau quartier sont, sans contredit, les rues Vivienne, de Richelieu et Saint-Honoré : la première est à l'apogée de sa gloire ; elle est sans rivales, non seulement à Paris, mais peut-être sur le globe. De nombreux équipages l'encombrent sans cesse, et la foule, non la foule des curieux, mais celle des acheteurs opulens, assiége ses brillans magasins. A une certaine heure du jour, le piéton se fraye difficilement un passage à travers les voitures et les chevaux. Des beautés de tous les pays, mais surtout des Anglaises, y viennent humblement consulter les oracles du goût et se *désalbioniser*. C'est là que se tient le congrès permanent où l'on décide comment seront coiffées, pendant un certain temps, toutes les têtes féminines des différentes cours de l'Europe ; et tel ministre, bien fier de son pouvoir, qui dicte la loi à tout un peuple, la reçoit en ce lieu de son tailleur ou de son chapelier.

La rue de Richelieu a perdu de son éclat ; c'est une beauté déchue, à laquelle cependant on trouve encore des charmes : long-temps elle a possédé deux théâtres principaux; mais il ne reste plus que la place de l'un, et, chez l'autre, ce n'est pas tous les jours fête.

On fait encore de belles affaires dans la rue St.-Honoré, mais le temps de la vogue est aussi passé. La rue Neuve-des-Petits-Champs, la place des Victoires, la rue Montesquieu, méritent une mention. C'est une profusion de richesses de tout genre : en aucun lieu on ne peut voir autant ni de plus belles boutiques. Mais que dire du nombre incroyable des restaurateurs, des lieux de plaisir, et surtout des cafés ! Quelque prodigieux que soit celui des consommateurs, il est difficile d'admettre que les propriétaires de ces établissemens puissent tous faire fortune;

il faudrait supposer que la population parisienne, arrivée à ce point de félicité où touchent les bienheureux, n'a plus à songer qu'à se nourrir, se parer et se divertir.

CHAPITRE XVI.

LE CAFÉ TURC. *

LA décoration extérieure et surtout intérieure d'un café n'est plus, comme jadis, confiée au hasard ou à la routine d'un artiste vulgaire ; tout le monde calcule aujourd'hui, même les hommes de talent, et l'on sent plus

* Il est situé sur le Boulevard du Temple.

que jamais « qu'il n'est pas de sot métier. » Un simple limonadier, qui fait honneur à ses engagemens, trouvera de nos jours plus de gens d'un vrai mérite empressés à le servir, qu'un grand seigneur qui fait des dettes et se donne des airs de protection : le positif est à la mode.

A coup sûr ce n'est pas un peintre ordinaire qui a dessiné les ornemens du brillant *Café Turc ;* quel qu'il soit, il est certain qu'il ne s'est traîné sur les traces de personne. On n'a vu nulle part encore rien qui approche de la beauté du comptoir, de celle de certains ornemens, du poële et du délicieux candelabre qui le surmonte. Sous le rapport du goût, rien n'est

moins *turc* que l'ensemble de ce café ;
on peut hardiment défier les oppres-
seurs de la Grèce de rien produire
d'aussi séduisant. Je ne sais si les connaisseurs seront de mon avis, mais il
me semble que toutes les parties du
Café Turc sont on ne peut plus heureusement harmonisées entr'elles.

Il faudrait, pour ce bel endroit, un
public fait exprès ; celui qui le fré-
quente, jusqu'à présent, n'a rien de
séduisant : il sent son Marais d'une
lieue ; je n'en voudrais pour preuve
que les bouches béantes des consommateurs ; tout le temps que leur laissent
la demi-tasse et le petit verre est donné
à une admiration dont les signes ont
quelque chose qui participe un peu de

ce qu'on pourrait appeler la stupidité.

A la suite du salon principal est une arrière-salle où l'on a, sans pitié, relégué les politiques et les joueurs de dominos; une glace sans tain, placée derrière la dame du comptoir, les sépare du public qui consomme et s'en va; car rien n'est stationnaire comme un amateur du double blanc.

En hiver, la crainte des frimas force les habitués des billards, qui datent presque tous du beau temps de Nicolet et d'Audinot, à traverser la nouvelle salle; on s'aperçoit aisément que cela les gêne et qu'ils ne se trouvent pas à leur place : leur allure, le costume dont ils sont revêtus n'a rien de l'époque actuelle; un observateur pourrait prendre note en ce lieu de toutes les formes de chapeaux qui ont successivement été de mode depuis 1789 jusqu'à nos jours. Par un hasard assez singulier, le chapeau *à la Robinson*, qui, comme chacun sait, a la forme d'un pain de sucre tronqué à son extrémité supérieure, domine essentiellement ; les habits ont, en général, une ampleur à laquelle se gardent bien d'atteindre nos tailleurs à la mode ; et l'aile de pigeon, que la révolution a déplacée, partage, avec la perruque de chiendent, l'honneur d'orner agréablement le chef de ces monumens animés, vraies pyramides du Marais.

Le nouveau café atteste ce qui est ; l'arrière-salle constate ce qui fut. A la suite de ce Muséum d'antiquités vivantes sont les deux billards, où se réunissent, à certaines époques, des joueurs d'une force éprouvée et célèbre ; la galerie, partie obligée du personnel de ces endroits, se compose de spectateurs désintéressés qui sont là, à poste fixe, depuis le lever du soleil jusqu'au coucher des garçons, et que le temps a, pour ainsi dire, agglomérés avec les banquettes ; appuyés sur leur canne, juges inamovibles, ils prononcent sur les coups ; et si quelquefois un joueur exigeant ne les dérangeait, on pourrait croire qu'il sont cloués à la muraille ou placés en ce lieu comme les momies qui décorent l'intérieur des tombeaux des anciens rois d'Egypte.

CHAPITRE XVII.

LES PARTIES DE CAMPAGNE.

Il n'est pas permis à tout le monde
d'aller à Corinthe, et cependant tout
le monde à Paris éprouve, au moins
une fois par semaine, le vif désir de
se soustraire au tracas des affaires, à
ce travail quotidien qu'il faut reprendre le lundi, après qu'on s'est amusé
le dimanche, quel que soit d'ailleurs

le rang qu'on occupe dans la société.
Je ne parle pas des gens qui n'ont absolument rien à faire : il n'y a pas pour ceux-là de plaisir.

Il est naturel d'aimer à voir la ville quand on est forcé de demeurer à la campagne, et plus naturel encore de soupirer pour les champs lorsqu'on est condamné à rester dans les murs d'une grande cité. C'est presque une fureur chez les Parisiens : on ne respire pas comme on veut, mais bien comme on peut, dans la superbe capitale du monde civilisé. Si l'air ne s'y vend pas, au moins en apparence, il ne s'en faut que de très peu ; qui sait si l'impôt sur les fenêtres n'est pas susceptible d'améliorations ?

Long-temps Saint-Cloud a joui du privilége d'attirer tout Paris à ses fêtes annuelles. Que de poussière et de mauvais vin les bons Parisiens avalaient ces jours privilégiés! ils commencent à s'en lasser comme ils le pourraient faire d'un usage raisonnable. On se jette maintenant dans les bals champêtres des villages circonvoisins, quels qu'ils soient, pourvu qu'il s'y trouve un maire ami de la vertu, qui daigne se donner la peine de faire annoncer par affiches le couronnement d'une Rosière. Au bruit qui se répand, avec une incroyable facilité, de la prochaine célébration d'une fête de ce genre, on voit arriver à-la-fois dans l'endroit les marchands forains, les

jeux clandestins (qui sont scrupuleuse-
ment défendus, attendu que personne,
jusqu'à présent, n'a conçu l'idée de les
affermer), et enfin ces excellens Parisiens, qui font un spectacle de tout,
comme si celui d'une fille sage était
une rareté pour eux.

Montmorency, et particulièrement
les eaux d'Enghien, sont arrivés pro-
gressivement, depuis plusieurs années, au plus haut point de faveur;
aussi n'a-t-on presque pas d'idée de la
considération dont jouissent les ânes
dans ce lieu vraiment privilégié. D'accessoires qu'ils étaient naguère encore, ils sont devenus principaux;
oui, les habitans de Montmorency ne
sont, par le fait, que les très humbles

serviteurs de leurs élèves ; à la vérité, cette servitude les enrichit ; de-là le grand nombre de gens qui se mettent à la solde de ces animaux. On s'occupe maintenant des races d'ânes à Mont-morency, comme ailleurs de celles des chevaux ; elles se perpétuent, s'amé-liorent, s'accroissent d'une manière bien rassurante pour les économistes qui pourraient craindre que les ânes ne vinssent à manquer en France.

Une *société* ne se rend jamais à Montmorency sans y louer des mon-tures pour aller visiter l'*Ermitage*; * et ce pélerinage à la mode a cela d'u-

* Maison de campagne que J.-J. Rousseau a long-temps habitée.

tile, qu'il apprend à un grand nombre de curieux qui ne s'en doutaient pas, qu'un philosophe, dont le nom était précisément celui de la rue où est située la grande Poste aux Lettres, a naguère habité la vallée. *

Pour en revenir aux ânes, tous les explorateurs de l'Ermitage veulent en avoir; c'est de règle. Aussi, n'importe le prix; qu'il soit laissé à l'arbitraire d'un propriétaire avide, ou réglé par l'autorité locale, on se les arrache, et l'on défile agréablement avec eux dans les sinuosités du bois; on ne saurait, sans une espèce de honte, s'exposer à

* La rue où est situé l'Hôtel des Postes, porte le nom de J.-J. Rousseau.

13..

s'y faire voir à pied : autant de promeneurs.....

Remarquons qu'il est instant de ne se pas embarquer pour ces beaux lieux, comme on dit, sans biscuit; tout s'y vend au poids de l'or, tout s'y loue à un taux excessif. Un orage qui fond un dimanche sur cette vallée de délices fait tout-à-coup hausser incroyablement le prix des loyers pour la journée; car il est bon de faire observer qu'on vous loue alors une chambre *à l'heure* pour la modeste somme de cinq et quelquefois de dix francs. Les habitans de Montmorency exercent l'hospitalité, mais au lieu de la donner ils la vendent, ce qui est incontestablement bien plus dans les idées du jour.

Les moyens de transport sont nombreux et à un prix honnête ; l'époque où l'ignoble *coucou* * n'osera plus se montrer sur cette route ne saurait être fort éloignée ; au train dont vont les choses, nous aurons promptement égalé le luxe que déployent les Anglais dans leurs moindres voitures publiques.

Le retour de Montmorency, un jour de fête, est fort remarquable ; on voit sur la route presque autant d'équipages qu'à Longchamps ; mais tous

---

* C'est ainsi qu'on a long-temps désigné les petites voitures qui transportent les Parisiens dans les environs de Paris. Sur la route de Versailles, ces voitures avaient jadis le nom ignoble de *Pot-de-Chambre*.

sont lancés au grand trot, et tous se disputent à grands coups de fouet

Des vains honneurs du pas le frivole avantage.

S'il y a vingt tilbury ou boguey renversés par saison, c'est tout au plus ; d'ailleurs l'essentiel est de rire, de s'amuser, et l'on s'inquiète peu des accidens : cela regarde *le Journal de Paris.* *

---

* Cette feuille tient ses lecteurs au courant des moindres événemens, ainsi que des variations de l'atmosphère ; elle annonce tous les changemens, même ceux de la moindre importance. Elle ne se tait que sur les siens propres : le lecteur attentif supplée à cette inadvertance et devine aisément *le pourquoi.*

CHAPITRE XVIII.

LES PILIERS DE CAFÉ.

On donne ce nom aux gens qui fréquentent assidûment certains cafés sans jamais se permettre la moindre consommation, et qui, tout au plus, se régalent de la demi-tasse les dimanches et les jours de fêtes carillonnées. Les gens qui, au contraire, consomment presque sans cesse, en sont les colonnes ; ces derniers sont bien reçus par les garçons ; on prévient leurs désirs ; la dame du comptoir sourit à leur entrée, et son regard bienveillant les accompagne jusqu'à la porte. Les piliers de café, véritables plaies de la civilisation, ont toujours un journal sous les yeux, et quelquefois même plusieurs ; on en voit qui poussent la précaution jusqu'à en tenir un sous le bras gauche pendant que le bras droit prête son ministère au lecteur. Rien ne rebute ces courageux parasites, rien, pas même les raisonnemens ou les déraisonnemens de la nébuleuse *Étoile* ; on en rencontre qui se vantent d'avoir lu, jour par jour, les huit colonnes du *Moniteur*, depuis la tenue des der-

niers Etats-généraux jusqu'à la convo-
cation des Colléges de 1824.

Malheur au consommateur impa-
tient qui aspire à la lecture d'un journal tombé entre les serres de ces im-
passibles et cruels oiseaux de proie; il
doit s'armer d'une patience à toute
épreuve; presque tous ont la vue basse
et se servent de lunettes; presque tous
ont négligé d'apprendre couramment
à épeler; en sorte qu'on a la douleur
de les voir pendant une heure les yeux
fixés sur le même paragraphe; trop
heureux le concurrent quand ils ne
s'endorment pas. Et qu'on ne s'ima-
gine pas qu'il soit facile de leur enlever
leur pâture; au moindre bruit qu'on
fait pour se rapprocher d'eux, ils s'é-

veillent et reprennent la lecture en sens inverse, c'est-à-dire en remontant vers le titre pour s'assurer qu'ils n'ont rien passé.

Les garçons d'un des cafés les plus fréquentés de la capitale, se sont avisés, il y a peu de temps, d'un stratagème assez singulier : toutes les feuilles du jour avaient été mises à part, et chaque fois qu'un *intrépide* (c'est le nom que reçoivent là les gens que nous signalons), chaque fois qu'un intrépide élevait la voix pour demander un journal, on lui mettait entre les mains un numéro dont la date remontait à une quinzaine d'années; pendant ce temps, les consommateurs avaient la facilité de satisfaire leur curiosité empressée, et tout le monde était content. On peut facilement se faire une idée de l'étonnement de ceux des intrépides qui parvenaient à déchiffrer quelques lignes ; ils se frottaient les yeux, nettoyaient les verres de leurs lunettes, et laissaient échapper les exclamations les plus amusantes. Qu'on se figure leur surprise : ils voyaient tels écrivains bien connus professer des doctrines qu'ils ont depuis long-temps abandonnées ; un de ces honnêtes lecteurs ne pouvant pas y tenir, s'écria tout haut : « Parbleu ! je le savais bien, Napoléon n'est pas mort : lisez plutôt ! »

CHAPITRE XIX.

LE PASSAGE DES PANORAMAS.

De tous les passages qu'ont ouverts des spéculateurs adroits, il n'en est pas de plus fréquenté maintenant que le *Passage des Panoramas*. Une heureuse exposition et la mode ont commencé la vogue dont il jouit ; le temps a fait le reste. Aujourd'hui, ce joli passage est placé sous la protection du dieu qui préside au commerce.

Amusons-nous à le visiter : entrons

dans ce brillant bazar par le boulevard Montmartre, et commençons par le côté gauche. A l'angle du boulevard est le *café Véron*, dont tous les ornemens (particularité qu'il est bon d'observer) sont avoués par le goût. Les consommateurs sortent toujours satisfaits de ce beau café. Avant et après l'heure de la bourse, un grand nombre de courtiers - marrons, de haussiers et de baissiers garnissent les tables du café Véron ; ces messieurs déjeunent solidement ; il est rare que l'espérance n'ajoute pas un mets ou deux à leur carte.

Immédiatement après, est le magasin de bonbons de la *duchesse de Courlande*, où sont étalées des frian-

dises de toute espèce ; à toutes les époques de l'année, et particulièrement
pendant les grands froids, les plus
beaux fruits charment la vue : on remarque avec surprise, sous la même
cloche de verre, des groseilles et des
pêches, des cerises et des raisins ; véritable Prothée, le sucre y affecte
toutes les formes et s'embellit des
couleurs les plus vives. On entre là
pour faire emplette de quelques *dou-
ceurs;* les marchandes sont attrayan-
tes, et l'on se surprend à leur en dire ;
chez tous les confiseurs, les dames de
comptoir font assez volontiers cet
échange lucratif. Plus loin l'acier
brille de toutes parts ; l'or en est jaloux : les agréables riens, qui ne sont

que de ce précieux métal, paraissent
pâles et ternes; que de futilités, de
charmantes bagatelles ! Les dames
s'arrêtent là de préférence.

Passons devant le bottier et le gantier, arrêtons-nous chez Susse, le pa-
petier avoué par la mode. Le moyen de
faire un choix, s'il n'est arrêté d'a-
vance ! Voulez-vous des écrans méca-
niques, de jolis souvenirs, des coffres,
des écritoires, des pupitres à secrets,
des boîtes pour les cartes de visite ?
Choisissez, Mesdames, et si, par impossible, vos maris vous accompagnent, tâchez qu'ils ne jettent pas les
yeux sur ces grands porte-feuilles rou-
ges, verts et noirs ; il n'en faut pas davantage pour leur faire tourner la tête.

Réclamez cet honneur, Mesdames, il vous appartient.

Donnons un coup - d'œil aux chapeaux de paille de madame Lapostole et aux jolies personnes qui les vendent. La boutique de M. Basin, orfèvre, n'ayant rien de remarquable, allons vite à la Mère de Famille, chez madame Mimeur, puis chez le gantier, puis au magasin du Mameluck, puis enfin à la Chaumière allemande, où l'on vend à-la-fois des modes et de la parfumerie. Nous touchons au passage obscur qui conduit au Théâtre des Variétés ; laissons la modeste boutique de l'imperceptible marchand de lorgnettes, placée au coin , et contemplons le beau magasin de thés, tenu par Marquis, où le chocolat subit tant de métamorphoses ; puis respirons l'odeur des truffes, doux parfum ministériel qui s'exhale de l'intéressante boutique de ce marchand de comestibles, le *Chevet* des Panoramas.

Après Marquis viennent un tailleur, une lingère, puis un marchand de papiers peints. Admirons ses belles tentures et ses devants de cheminées représentant des sujets d'histoire ou des faits d'armes de nos guerriers. *

Donnons un regard au dépôt des cafetières Morize, de ce meuble ingé-

* Depuis la paix et la découverte de la lithographie, on ne rêve à Paris que victoires et lauriers. On se console avec des fictions de la perte de la réalité.

nieux où l'on peut préparer le délicieux moka sans qu'il perde de son divin arome.

Laissons l'Estaminet aux fumeurs, mais faisons une station chez Frère, éditeur et marchand de musique ; voulez-vous des amans, des amours, des beaux jours, des troubadours ? ils sont ici en abondance.

Nous touchons à l'endroit du passage où est placé le petit théâtre de M. Comte. Quels sont ces marmots qui jouent d'une manière si bruyante ? Paix ! ce sont les artistes : *le père noble* est celui qui mord dans un gâteau ; cette petite fille est *la grande coquette*, et *le financier* lui présente une pomme.

Voici le marchand de tabac, puis *le changeur*. Voyez comme les passans jettent à l'improviste des regards de convoitise sur ces petites sébiles pleines de pièces d'or. Passons outre, afin de ne pas subir le supplice de Tantale. La véritable richesse est à côté, chez le libraire Nepveu.

Le passage se termine de ce côté par un bottier, un coiffeur et un tailleur. On peut sortir brillant de chez ces messieurs, pourvu toutefois qu'on ne soit pas sans argent.

Nous avons visité avec détail toute la partie gauche du plus pittoresque des passages de la capitale; revenons maintenant sur nos pas pour examiner le côté droit, qui a bien aussi son mérite.

Accordons un coup-d'œil à la première boutique, celle de M. Fabry, orfèvre ; ce magasin qui, naguère encore, était en retard d'un demi-siècle,
est aujourd'hui un des plus élégans du
passage. Disons-le avec douleur, le côté
droit est ici (comme en certain autre
lieu) singulièrement en arrière ; l'autre
côté l'emporte de beaucoup pour l'empressement qu'il a mis à propager
le nouveau mode d'éclairage. Aussi
brille-t-il le soir de l'éclat le plus vif,
tandis qu'un grand nombre de boutiques du côté rival ne sont éclairées que
par l'huile de nos pères. Mais que vois-
je ? Fermons vite les yeux , une boutique à louer dans ce brillant passage !..
Ah ! voici deux magasins de gants et

de bretelles ; tous deux sont à la hauteur de l'époque ; il n'y a que du bien à en dire. Une réunion d'*artistes* * était indispensable en ce lieu ; j'aperçois leur établissement : des brosses, du cirage anglais, et la feuille du jour. Passons ; ce magasin de bonbons n'a rien de remarquable, mais la dame du comptoir est polie, et c'est quelque chose. Arrivons vite à la marchande d'oranges, et pour cela ne laissons tomber qu'un coup-d'œil sur le bottier, le tabletier et le chapelier qui la précèdent. Pourquoi cet empressement, dira peut-être le lecteur ? C'est

* Tout le monde, à une certaine époque, prenait à Paris le titre d'*Artiste ;* aussi trouva-t-on de fort bon goût la plaisanterie de ce décro-

que la marchande d'oranges est une statue assez jolie et toute mignonne, qui mériterait peut-être une partie des complimens qui lui sont quotidiennement adressés, si l'on parvenait à l'animer et à donner quelque peu d'expression à ses traits. Ce n'est pas pour faire présent de la vie à ce charmant automate que Prométhée a dérobé le feu du ciel.

Après le magasin d'oranges et de citrons, sur lequel le gaz hydrogène verse, à la nuit tombante, des torrens de lumière, on voit un marchand de jouets d'enfans ; puis un troisième teur qui, en s'établissant avec plusieurs autres sous les Galeries du Palais-Royal, mit sur son enseigne : *Aux Artistes réunis.*

gantier dont l'enseigne est au *Ci-devant Jeune Homme;* puis encore un marchand de jouets, le nombre des enfans de tout âge est si grand à Paris!

Comment donc se fait-il que le quinquet des anciens jours n'ait pas cédé le pas en cet endroit aux becs resplendissans du gaz!... Respirons l'odeur du cacao dans le laboratoire de Marquis, fabricant de chocolat; puis admirons les *ombrelles* fort jolies, mais un peu trop chères de son voisin. Ensuite le bijoutier fixera un instant notre attention; mais nous passerons rapidement devant la lingère à *l'huile* pour arriver promptement au magasin d'albâtres; et nous ferons une station chez le pâtissier *Félix*.

En coudoyant un peu les Anglais,
en nous faisant jour à travers les Anglaises qui semblent avoir fait là élec-
tion de domicile, nous pénétrons dans
le petit salon de ce pâtissier célèbre :
goûtons ses gâteaux et son vin ; comptons ensuite, et n'oublions pas de remarquer que, pour l'argent que nous
lui laissons, nous aurions pu faire un
repas complet chez beaucoup de restaurateurs. Cependant maître Félix
n'est éclairé qu'avec de l'huile : est-ce
que son four ne marcherait pas avec
le siècle ?

Attendons l'époque *du jour de l'An*
pour visiter le confiseur dont l'enseigne assez bizarre figure les *Armes de
Werther.* C'est, je crois, le magasin

de bonbons le mieux assorti du passage. Le magasin de plaqué d'argent a bien quelque droit à une mention.

J'aperçois la *Lampe merveilleuse;* on n'y vend que des gants, mais celles qui les vendent sont bien jolies !.. Pour détourner les pensées qu'elles font naître, arrêtons-nous devant le magnifique magasin de bronzes et dorures de M. Fleschelle. Honneur aux arts, c'est bien ici leur asile dans ce passage.

Quel vaste établissement que celui de ce tailleur qui est à côté ! Voilà des étoffes séduisantes, des draps qui ne manquent pas d'éclat : tout cela est-il bien solide et d'une bonne durée?... Qu'importe, puisque la mode ne laisse pas aux acheteurs le temps de les user.

Voici un modeste bonnetier; puis nous touchons à ces *Panoramas* qui donnent leur nom au passage, et nous arrivons, après avoir jeté un regard scrutateur sur le marchand ou la marchande de jouets d'enfans, au grand magasin de nouveautés de l'*Éclipse*, où se termine notre promenade.

J'avais (imprudemment peut-être) l'intention de prononcer sur les plus belles boutiques comme sur les marchandes les plus jolies. Je tiendrai parole après avoir consulté les connaisseurs, et pris surtout l'avis des dames intéressées.

CHAPITRE XX.

LES IMPORTANS.

Connaissez-vous une race d'hommes plus nombreuse à-la-fois et moins supportable que celle des importans? Véritables mouches du coche, on les rencontre partout; ils se mêlent de tout, et sont de toutes les entreprises. Il semble que rien ne soit bien fait que par eux, et ne se puisse faire sans eux;

la sottise ou l'égoïsme ont gravé sur leur front : *moi, moi, toujours moi, rien que moi.*

Dans toutes les réunions tant soit peu nombreuses on rencontre des importans. Qu'ils sont heureux dès qu'ils croyent s'apercevoir qu'on les prend pour quelque chose; comme ils se rengorgent, se pavanent; la confiance brille dans leurs regards; ils vous savent, tout bas, tant de gré du coup-d'œil de mépris que vous avez laissé tomber sur leur personne! Et que leur importe : l'essentiel pour eux est qu'on les regarde; ils se font facilement illusion et ressemblent à ces hâbleurs qui finissent par croire à leurs propres mensonges.

Voyez, le jour d'une fête publique, cet homme à cheval et revêtu d'un uniforme insignifiant, qui, sans mission, déplace à chaque instant la foule pour se frayer un passage : où croyez-vous qu'on l'ait envoyé ? pensez-vous qu'il soit porteur d'un ordre d'importance, et que de sa présence quelque part dépende ou la réussite ou la non-exécution de telle sage mesure ? Point du tout : son poste est précisément où il n'est pas, mais il a besoin de se montrer, d'attirer sur lui l'attention des badauds, de leur faire croire qu'il est quelque chose : c'est un important.

Quand, pour vous conformer à l'usage établi dans nos promenades, vous suivez lentement la foule des oisifs, ne vous arrive-t-il pas d'être rudement coudoyé par un grand monsieur qui veut à toute force devancer ceux qui le précèdent? c'est un important. Au bout de l'allée il reviendra sur ses pas, et recommencera ce manége incommode.

N'avez-vous jamais rencontré dans un spectacle, un jour de première représentation, ce petit être à l'air dédaigneux, qui fronce le sourcil s'il voit rire, ou sort bruyamment de sa loge au moment où l'on fait silence? c'est encore un important. Demandez-lui son avis sur ce qu'il a vu et entendu, vous n'obtiendrez qu'un sourire dédaigneux; est-ce que la pièce nouvelle a quelque chose de commun avec sa cravate, son lorgnon et sa touffe de cheveux ?

Avez-vous jamais pénétré dans les coulisses d'un théâtre royal, où le suisse, en grand costume, assiste à la représentation ? on a l'œil sur tout le monde ; ici vous apercevez un groupe d'auteurs, d'artistes distingués, quelquefois d'académiciens (ou de gens de mérite qui devraient l'être); on y cause à voix basse, on y discute avec décence ; à côté, quelques acteurs subalternes, ou des dames des chœurs, écoutent respectueusement, et comme un oracle, un discoureur éternel dont la voix couvre toutes les voix des assistans, un inconnu dont l'aplomb imperturbable impose aux pompiers, aux garçons de théâtre, au suisse lui-même ; c'est un important, c'est le rédacteur le plus obscur d'un journal dont le public ignore jusqu'au titre.

Un important, lorsqu'il tient une feuille publique dans un café, en parcourt les pages avec dédain, ne parle aux garçons qu'en regardant d'un autre côté ; trouve détestable tout ce qu'on lui sert, affecte un grand ton de supériorité, et tire à chaque instant sa montre comme s'il était attendu ou désiré quelque part.

En résumé, les importans sont des êtres fort ennuyeux ; c'est une nuance de sots qui fait partie de la grande famille des impertinens et des fats.

CHAPITRE XXI.

LES NOCES.

On a raison d'accuser les hommes, en général, d'être enclins à l'égoïsme, et cependant il est, dans l'état de société, une foule d'usages qu'on suit bien moins pour soi que pour les autres. Sur la totalité des gens qui se marient, j'établis que la moitié au moins sont prêts à convenir qu'il n'est pas d'argent plus mal employé que ce-

lui qu'on dépense en frais de noces,
mais ce que veut l'usage, il le veut
bien ; c'est le tyran le plus ridiculement absolu qu'on connaisse.

Ce n'est pas une petite affaire que
les apprêts d'une noce, à Paris comme ailleurs ; et lorsque les parties con-
tractantes sont tombées d'accord sur
les articles du contrat, il faut encore
qu'elles s'accordent sur le choix du
restaurateur où se fera le repas. J'ai
connu un bon bourgeois qui rompit
obstinément avec son futur gendre,
parce que ce dernier voulait à toute
force que la fête des épousailles se cé-
lébrât au *Cadran-Bleu ;* le bonhomme
inférait de là que songendre aimerait
le faste et l'ostentation, qu'il ne sau-

rait pas régler ses dépenses et manquerait d'économie. A parler franchement, cet honnête bourgeois ne raisonnait pas trop mal.

Un tarif, réglé par l'usage, a décidé que telle maison convient à telle classe de la société ou à ses analogues. Presque tous les artisans font leurs noces dans les guinguettes : les salons de *cent couverts* sont rarement inhabités le samedi. Le petit commerce affectionne cinq ou si grands établissemens où l'on danse de père en fils, depuis un pareil nombre de générations.

Il fait bon, pour un observateur, le dernier jour de la semaine, dans les lieux enchantés que le dieu d'hyménée a pris sous sa protection : le spectacle commence ordinairement de trois à quatre heures. Les plus diligens d'entre les invités, avides de voir et d'être vus, ont quitté l'église en toute hâte, et les dames ont échangé *la toilette* du matin contre la parure du soir ; il est d'une telle importance de savoir promptement comment on s'est tiré du double écueil que présente cette journée ! A combien de critiques sournoises, d'avis en apparence bienveillans, de questions perfides ne s'expose pas une pauvre femme peu expérimentée, et qui confond le schal ou le chapeau de la messe avec la robe ou la coiffure du bal ! Que de gauches coquettes, improvisées pour ce jour-là en belles dames, reprochent tout bas à leur voisine *un air commun* qu'elles ont elles-mêmes, sans s'en douter, à un degré désespérant pour le pauvre époux qui a payé la dépense !

A l'arrivée chez le traiteur de la file des équipages où sont entassés les gens de la noce, on sait tout de suite à quoi s'en tenir. Si vous n'apercevez que des fiacres, soyez indulgens ; sont-ce des *remises*, c'est plus huppé ; si des calèches, si des landaw, si des coupés ou des berlines se mêlent à des cabriolets, n'épargnez pas la critique : c'est la vengeance du piéton.

Beaucoup de restaurateurs, de traiteurs, et même de simples marchands de vin, font, ainsi que l'annonce pompeusement leur enseigne, *noces et festins ;* mais gardez-vous bien d'aller frapper indifféremment à toutes les portes ; il y a cent maisons, hors les barrières et dans Paris même, où la plus grande partie des mets n'existent qu'en peinture, et font partie obligée de la décoration extérieure. Le ciel préserve un gastronome de ces trompeuses amorces ; il importe peu aux époux que la table soit bien ou mal servie : ce jour-là le petit dieu d'amour, qui n'est pas encore l'hymen, a bien autre chose à penser ; mais il n'en est pas de même des invités, la nuit qui suivra la fête n'aura point pour eux de compensations.

Voulez-vous être bien traités ? essayez

du *Cadran Bleu*, que j'ai déjà nommé; voyez le successeur de Goupil,
au Boulevard du Temple, dont l'emplacement est fort beau; entrez même
chez Tivet, vis-à-vis les petits théâtres :
ce dernier n'a pas encore acquis le
droit de se faire payer bien cher; il lui
reste beaucoup à faire pour égaler les
autres, mais on le dit sur la bonne
route.

Aimez-vous mieux Belleville ou les
Champs-Élysées? vous n'avez que l'embarras du choix : le premier de ces deux
endroits vous offre son *Ile d'Amour ;*
et le nom de *Desnoyer*, nom célèbre et
cher à Bacchus, est déjà une garantie
de plaisir. Il y a des quartiers entiers
de cette capitale dont presque tous les

habitans, sans distinction, ont sablé le vin et fait grincer l'archet des violons de Desnoyer, le jour qu'ils se sont enrégimentés sous les drapeaux de ce bon hymen.

J'oublie une foule d'autres endroits, et ne saurais d'ailleurs les indiquer tous ici; mais je tiens en réserve la *Grande - Chaumière*, au boulevard Mont - Parnasse, où l'on voit, très souvent, les convives de trois et même de quatre noces, boire, manger et sauter en cadence, sans se mêler.

Vastes salons de la Grande - Chaumière, et vous, bosquets mystérieux, que d'aurores de bonheur vous avez vu luire pour de tendres époux qui, trois mois plus tard, s'arrachaient les yeux et appelaient à grands cris le divorce !

Jeunes garçons qui soupirez pour *le bon motif*, filles charmantes qui désirez si ardemment de conquérir la liberté que donne le mariage ; et vous, veufs et veuves, qui demandez au ciel de nouvelles chaînes ; vous-mêmes enfin, célibataires trop lents à payer légalement votre tribut à la société, faites un choix, et prenez la route du boulevard Mont-Parnasse : on y entreprend des noces à tous prix ; car cela aussi se règle bien moins sur la volonté des conjoints que sur la dot de la mariée. Êtes-vous peu favorisés des dons de la fortune? le salon bleu vous attend ; à votre aise? on vous recevra

dans le salon vert; riche? on ouvrira
pour vous les deux battans de la porte
du salon rouge. En vain les malins
s'appliqueraient à chercher en ce lieu
certaine autre couleur qu'ils appellent
conjugale, elle est bannie avec soin de
la maison, de même qu'on a exilé des
parterres odoriférans les pavots et les
tristes soucis.

CHAPITRE XXII.

L'AVANT-SCÈNE DES PETITS THÉATRES.

AVANT que le temps et la raison n'eussent fait justice d'une foule d'usages ridicules, les marquis petits-maîtres, les fats grands seigneurs, les gens comme il faut enfin occupaient sur l'avant-scène de chaque théâtre (afin d'être séparés du commun des spectateurs) des places réservées sur des banquettes qu'on plaçait de cha-

que côté au moment de la représentation. * Il est aisé de voir combien
cela nuisait à l'illusion théâtrale, et
d'apprécier l'embarras des acteurs,
obligés de traverser une double haie de
curieux bruyans et inattentifs à dessein. Pour parvenir à exiler ces fâcheux dans la salle, il est probable
qu'on imagina les loges *d'avant-
scène*, où se réfugient, de nos jours
encore, les spectateurs qui viennent
au spectacle bien moins pour voir que
pour être vus, et dont quelques-uns
ont conservé les traditions peu respec-
tueuses de leurs devanciers.

* La suppression des banquettes qu'on plaçait
sur le théâtre est attribuée à M. de Lauraguais.

Dans presque tous les théâtres royaux, les loges d'avant-scène sont occupées à l'année par de grands personnages; le public n'est guère admis que dans celles du rez-de-chaussée et des rangs supérieurs : aux boulevards, il y a des amateurs qui se disputent le plaisir de s'y placer pendant une soirée. C'est là que siègent ces juges sévères, bien plus qu'éclairés, qui condamnent sans entendre, et forment une classe à part. Les arrêts qu'on porte ailleurs sur le mérite des ouvrages, sont cassés à l'avant-scène. Il est vrai que, par une juste réciprocité, le public sans passion ne tient nullement compte des jugemens de l'avant-scène.

Long-temps ces loges ont été l'effroi des acteurs et la terreur des actrices; on se fait à tout : les premiers ont pris leur parti ; quant aux actrices, elles n'ont maintenant qu'à se louer des juges galans qui peuplent les loges d'a-vant-scène, pourvu cependant qu'elles soient jeunes et jolies ; les vieilles sont protégées par leur âge, on les remar-que à peine.

C'est de l'avant-scène que partent les murmures improbateurs, où les applaudissemens outrés, aux jours de première représentation ; là, sont éta-blis les connaisseurs qui jugent du mé-rite des figurantes et des danseuses ; les grâces d'une *amoureuse* sont plus appréciées que son talent. Il est rare qu'il ne se trouve pas à l'avant-scène cinq ou six des adorateurs de ces dames ; la même banquette a souvent réuni le passé, le présent et l'avenir. Aussi chacun apporte-t-il là ses préventions plus ou moins favorables ; et si l'amour-propre satisfait s'acquitte en applaudissemens, souvent il arrive que le dépit éclate à coups de sifflet.

Voulez-vous connaître avec détail la vie privée d'une prêtresse de Terpsicore, ou même celle d'une figurante encore un peu fraîche ou jolie ? placez-vous à l'avant-scène, et consultez hardiment le premier venu : les détails biographiques les moins connus, les aventures les plus secrètes vous seront révélés avec assez peu de précaution pour que les spectateurs placés dans les loges voisines prennent leur part de la confidence qu'on vous fera. Ces huissiers - priseurs de la beauté vous épargneront les fausses démarches, les pas-de-clercs, les déconvenues.

Les avant - scènes des théâtres du Boulevard ont souvent été le rendez-vous d'un essaim de jeunes étourdis dont les folies, quelquefois assez gaies, mais toujours trop bruyantes, faisaient le désespoir ou le bonheur des beautés qui figurent dans les ballets ou les mélodrames ; les cent premières représentations des *Petites Danaïdes* * ont causé je ne sais combien de tendres

* La plus jolie parodie qui ait été faite : elle est de MM. Désaugiers et Gentil.

rapprochemens et de terribles ruptu-
res. Que de projets de vengeance, de
querelles, de brouilleries, de raccom-
modemens ont fait prendre des billets
d'avant-scène à des spectateurs qui
ne s'informaient de la composition du
spectacle que pour savoir s'ils verraient
celles qu'ils venaient chercher! Cent
fois il s'est élevé des altercations assez
vives entre des spectateurs qui dési-
raient écouter et ceux qui ne voulaient
que voir ; en vain les premiers faisaient
entendre le cri : *A la porte !* on n'en
tenait compte, et le diable n'y per-
dait rien.

Au résumé, ne prenez pas de billets
d'avant-scène, vous qui allez au spectacle pour écouter et voir.

CHAPITRE XXIII.

LES OISIFS.

Il y a partout des oisifs ; mais tous n'ont pas la même physionomie ou les mêmes habitudes : que de manières diverses de tuer le temps ! En province, il n'y a d'oisifs que les gens dont l'existence est assurée ; à Paris, il n'en est pas tout-à-fait de même : on y rencontre à chaque instant des oisifs par goût, des oisifs par nécessité, et des oisifs par métier. * Il faut se garantir des premiers, éviter d'avoir affaire aux seconds, et fuir les derniers comme la peste.

Dans les établissemens publics, dans les rues, dans les promenades et jusque dans les spectacles, il y a des oisifs : rien n'intéresse moins ces derniers que ce que l'on joue; ce qui pique leur curiosité, c'est précisément ce qu'ils ne sont pas venus chercher. Un oisif reste froid à la représentation de la plus belle comédie de Molière ou à celle d'une tragédie de Racine; il est, là comme ailleurs, étranger à ce qui se passe. Mais qu'une dispute s'élève dans

* Les espions.

un corridor, entre une ouvreuse de loges et des gens qui veulent absolument qu'on les place, sous le prétexte qu'ils ont payé pour cela; qu'une querelle s'engage au parterre ou dans le foyer, il y court en toute hâte et se mêle à la discussion : il écoute les plaintes des parties; les conseille, les aigrit ou les sépare, et ne les quitte que pour voler à d'autres distractions.

Un oisif se trouve-t-il dans un café, il laisse devant lui, sans les lire, tous les journaux qu'on lui présente : lire, c'est s'occuper; il ne conçoit pas qu'on fasse quelque chose. Il va du comptoir au poële, et d'une table à l'autre, en examinant tout le monde et sans regarder personne : il consulte

sa montre ou la pendule, et dresse
l'oreille aussitôt qu'il entend le son
d'une caisse de tambour ou tout autre
bruit à l'extérieur. Il est au premier
rang s'il passe un cortége ; à Tivoli, si
quelque fête extraordinaire est annon-
cée ; au tribunal, si l'on juge une
cause intéressante : on le prendrait
pour un curieux ; point du tout, il ne
sait que faire.

Dieu vous garde des oisifs alors que
vous êtes pressés : embusqués sur la
voie publique, ils vous guettent, vous
arrêtent au passage, et vous forcent à
dépenser avec eux un temps précieux
qu'ils ne savent comment employer,
et ne lâchent leur proie que pour en
saisir une autre.

En bonne police, il devrait y avoir des peines portées contre l'oisiveté : si mon temps m'est cher, celui qui me le fait perdre est un voleur.

Toutes les grandes villes fourmillent d'oisifs ; Londres est, après Paris, la capitale où ils se trouvent en plus grand nombre.

Dans ces deux cités on dirait qu'ils sortent de dessous terre : aussitôt que les plus petits événemens donnent l'émoi à la curiosité publique, les curieux se joignent pour un instant aux oisifs ; il devient fort aisé de distinguer les premiers des seconds : aussitôt que les uns ont vu ce qu'il y avait à voir, ils poursuivent leur chemin ; mais il n'en est pas de même des autres. Ils s'approchent, s'informent, questionnent les gens qui les entourent, et ne s'éloignent qu'à regret du lieu de la scène.

Dans les salons comme dans les rues, sur les places publiques et devant les parades des boulevards, les oisifs forment la majorité, il y en a partout, c'est-à-dire qu'il y a partout des gens qu'on ne parvient jamais à intéresser. Il se glisse des oisifs jusque dans les plus hauts emplois, et même à la tribune; ceux-là sont les plus dangereux, parce que ce sont eux qu'on achète de préférence; ils sont, par goût, *au plus offrant*. Une fois achetés, ils changent de nom et deviennent des *girouettes*. Qu'on y réfléchisse un moment : les hommes qu'on stigmatise de ce nom sont-ils autre chose que des oisifs? S'ils s'occupaient dignement, s'ils se pénétraient de l'importance des fonctions qui leur sont confiées; s'ils songeaient à leurs commettans, aux maux que peut causer leur insouciance, calculée ou non, leur resterait-il assez de temps pour se livrer à de coupables transactions!

Si l'oisiveté est la mère de tous les vices pour les hommes en général, que de maux ne peut-elle pas engendrer lorsqu'elle est le partage de ceux qui ont reçu de leurs concitoyens l'honorable mission de défendre les plus hauts intérêts de la patrie!

CHAPITRE XXIV.

LA CLASSE OUVRIÈRE.

Le lundi est le dimanche des ouvriers. Tandis que les commerçans de toute espèce vont déployer dans les promenades leur luxe dominical, les artisans sont à l'ouvrage ; il est rare que ces hommes laborieux terminent le samedi les commandes de la semaine : presque toujours ils manquent involontairement à leur parole ; s'ils refusaient de se charger de ce qu'on leur donne à faire, ils courraient le risque de compromettre leur réputation. « A l'impossible nul n'est tenu ; » voilà ce qu'ils disent à l'exigeant boutiquier dont ils dépendent. Que répondre à un malheureux courbé sous le double poids de la fatigue et des privations, qui vous prouve qu'il a passé deux ou trois nuits pour essayer de remplir ses engagemens ?

La classe opulente n'a qu'une idée imparfaite des souffrances inouïes qui assiégent presque sans cesse un pauvre ouvrier. Ces brillantes superfluités, ces bijoux élégans, ces riches écrins, ces bagatelles si jolies dont se parent les dames, quelquefois avec plaisir et souvent avec indifférence, ont coûté bien des peines, bien des soucis, bien de l'inquiétude à ceux qui ont été chargés de les confectionner. Le marchand, qui se trouve partie intermédiaire entre l'acheteur et l'ouvrier qui confectionne, absorbe à lui seul les dix-neuf vingtièmes du bénéfice. Il faut, vous dira-t-il, non sans raison, que je paye un loyer énorme, que j'entretienne mon magasin sur le pied le plus coûteux ; et la patente, et les impôts, et les faux frais, et les créances hasardées, et les mauvais payeurs... L'ouvrier n'a que très peu de risques à courir pour le paîement de son salaire ; il sait au moins à quoi s'en tenir, et peut d'avance calculer l'emploi de son argent. Cela est vrai ; mais par combien de maux, de douleurs n'achète-t-il pas cet avantage? En été, dès que le jour paraît il est sur pied. Dans l'hiver, il devance l'aurore de trois et quatre heures ; presque toujours il travaille long - temps encore après le coucher du soleil, et souvent il n'a pas le temps de se livrer au repos.

Voyez, dans une même chambre au sixième étage, un père qui travaille, une mère qui s'occupe des détails du ménage, et des enfans qui, selon l'âge qu'ils ont atteint, jouent ou commencent à aider les auteurs de leurs jours. Personne ne reste oisif; chacun est occupé suivant sa force ou ses capacités. Le travail n'est interrompu qu'aux heures des repas ; encore abrège-t-on autant qu'il est possible les momens de repos. Une heure d'inaction est un larcin fait à la famille entière ; un quart d'heure qu'on perd ôte un morceau de pain à ces pauvres enfans.

Un marchand *adroit* ne fait pas établir la marchandise qu'il débite par de riches manufacturiers ; c'est à l'artisan malaisé qu'il s'adresse : une avance, qu'il sait faire à propos, lui livre à discrétion l'ouvrier qu'il employe. Il spécule sur ses besoins et gagne sur sa nourriture ; il achète et paye, à l'avance, le produit des sueurs de toute une famille.... et l'on s'attendrit sur le sort des esclaves dans les colonies ! Qu'on juge des tourmens d'un pauvre ouvrier qui compare sa situation à celle de l'homme qui le fait travailler ! Il sait que l'ouvrage qui sort de ses mains, qu'il vient d'achever avec tant de peine, et pour une si petite somme d'argent, rapportera vingt fois autant à celui qui n'a eu que la peine de le commander. Il est affreux de songer qu'un meilleur ordre de choses est impossible.

Et quelles sont les jouissances de la classe ouvrière? le dimanche au soir, un artisan soupe avec sa famille dans un triste cabaret; ce jour-là tout le monde est à table : on dévore une salade, un peu de charcuterie, qu'on arrose de quelques litres d'un vin détestable, et l'on remonte se coucher, à moitié pris de vin.

Le lundi au matin la tête est lourde ;
on fait de vains efforts pour se remettre
à l'ouvrage ; il faut descendre et prendre l'air. Un ami se présente, on se
rend avec lui dans une guinguette hors
des murs ; on y boit à longs traits l'ou-
bli momentané de sa femme, de ses
enfans.. ; le plus raisonnable des deux
ramène l'autre au logis, le couche et
sort. Au réveil on a faim, et la misère
est là !...

CHAPITRE XXV.

LES CAFÉS DU BOULEVARD.

Un café bien achalandé, qui dépend d'un théâtre à la mode où l'on joue le mélodrame, est une mine d'or pour qui l'exploite : à presque tous les momens du jour on y consomme quelque chose ; et, de cinq à dix heures du soir, on s'y dispute un coin de table. Entrons dans un de ces établissemens, et faisons l'inventaire de ce qu'on y trouve.

Le personnel se subdivise en plusieurs catégories bien distinctes ; on peut ranger dans la première les têtes à perruque formant galerie au billard, braves gens qui ne sont là que pour faire nombre, spectateurs désintéressés qui ne jouent jamais et ne consomment point ; espèce d'hommes-meubles qui siégent inamoviblement à la même place. La seconde se compose de ces honnêtes bourgeois qui, parce qu'ils ont pris une demi-tasse, sans petit-verre, à quatre heures de l'après-dînée, se croyent encore en droit d'occuper toute une table à onze heures du soir. Nous placerons dans la troisième les lecteurs de journaux, ces fléaux des garçons, qui se distribuent des numé-

ros d'ordre afin de ne pas manquer
une seule feuille. Viennent ensuite les
consommateurs d'habitude, qui prennent, payent et s'en vont ; les gens at-
tachés au théâtre, qui ont acquis,
par cela même, le droit de ne rien
prendre ; les passans, les spectateurs
qui viennent se désaltérer dans les entr'actes, et ces hommes qu'on remarque
partout, qui n'éprouvent jamais d'autre désir que celui de voir, d'autre besoin que celui d'entendre.

Un habitué du café *Procope* ou du
café *Manoury* ne pourrait résister au
bruit qui se fait au boulevard : les échecs
y sont interdits ; le jeu de dames en est
exilé ; le domino seul a tenu bon ; il a ré-
sisté aux persécutions sourdes des gar-

çons, aux plaisanteries des buveurs de punch, aux usurpations constantes des habitués du théâtre, aux manœuvres intéressées du maître de l'endroit, aux ordres impérieux de la beauté qui règne au comptoir. A-t-on voulu le bannir, ses disciples ont fait couler la bière à grands flots; a-t-il été question de le cacher à tous les yeux dans quelque salle reculée, il a eu recours à l'échaudé, au petit-verre; et de quel droit d'audacieux garçons viendraient - ils disputer le terrain à des gens qui jouent et demeurent long-temps en place à la vérité, mais qui consomment et payent?

C'est pendant les entr'actes d'un mélodrame qui attire la foule, qu'il faut voir un café du boulevard : le bruit de

la sonnette ne cesse de se faire entendre ; on parle, on crie à-la-fois de tous
les côtés ; les garçons cherchent en vain
à se multiplier ; mille bouches, avides
de se désaltérer, prononcent en même
temps les mêmes phrases avec le même empressement. Ici, de la bière ; là,
de l'orgeat ; plus loin, des glaces ; à
côté, de la groseille ; et, de toutes parts,
un égal désir d'être promptement servi.
C'est alors qu'il siérait mal aux gens qui
n'entrent dans un café que *pour mé-*
moire, d'oser élever la voix pour demander un journal qu'ils n'ont pas lu ;
le courroux de tous les garçons à-la-
fois, leur juste indignation, feraient
promptement justice d'une demande
aussi intempestive. Rangés autour du

poële , et se faisant petits , il faut que les politiques restent immobiles jusqu'au moment où la consommation s'arrête. Un sourire affectueux, une attention polie envers un garçon, rétablit l'équilibre que l'entr'acte avait brisé : tout reprend alors son cours, et l'on entend un chœur de voix cassées qui répète incessamment ces mots : « Après vous, Monsieur ? — Monsieur, il est retenu. — Je l'avais cependant demandé ! — Monsieur, je serai le troisième , etc. , etc. »

Après la pièce on voit les salles se remplir de nouveau , et la consommation recommence ; mais la foule se dissipe promptement , et bientôt il ne reste plus que certains habitués tenaces, quelques employés du théâtre, les acteurs qui ne jouaient pas, et MM. les auteurs. On se réunit autour de plusieurs tables : la pièce nouvelle est jugée en raison du savoir, du caprice ou des intérêts de chaque interlocuteur. On discute sur la quotité de la recette ; on met sur le tapis le mérite *des amis* qui sont absens, et l'on en médit jusqu'au moment de leur arrivée. Alors on leur prend la main avec affection, on leur offre un rafraîchissement, on trinque, et la paix est signée avec eux... jusqu'à ce qu'ils aient tourné le dos.

CHAPITRE XXVI.

LES MARCHANDES DE MODES.

On a souvent porté des jugemens bien hardis sur ces intéressantes prêtresses de la plus capricieuse des divinités ; quelques chansonniers, plus malins que véridiques et de bonne foi, n'ont pas craint de les traduire sur la scène, et de leur prêter un langage et des mœurs qui ne leur appartiennent en aucune manière. Il est faux, de toute fausseté, que les marchandes de modes soient, comme on cherche à le faire croire, une exception dans la société : j'entreprends de prouver, et je prouverai sans peine, que leurs jours, bien loin d'être filés d'or et de soie, ont une trame commune à tous les infortunés.

Les modistes, qu'on plaisante et qu'on calomnie impitoyablement, connaissent les privations de toute espèce, et les supportent avec une résignation vraiment philosophique ; sans cesse adonnées au travail, presque toujours distraites par des combinaisons qui absorbent leurs facultés morales, elles laissent bien peu de prise aux atteintes du malin, et sont, sept jours sur huit, bien moins frivoles, bien moins légères, bien moins exposées qu'on ne semble le croire.

Entrons dans les détails de leur vie privée, et voyons ce qui peut donner lieu légalement aux innombrables quolibets qu'on débite sur leur compte.

Une ouvrière en mode est au travail avant neuf heures du matin et ne le quitte qu'à dix heures du soir ; elle fait deux repas par jour, ou plutôt elle est censée les faire. Dans les plus riches maisons, on ne donne aux modistes que des légumes , rien que des légumes ; sans doute on craint qu'une nourriture trop abondante et les sucs nourriciers de la viande ne leur portent au cerveau. Le vin, qu'elles n'aiment pas, ne leur est présenté qu'après avoir été mis en rapport avec la fontaine, et le dessert leur ferait perdre trop de temps. Des maux d'estomac les tourmentent presque sans cesse de dix heures à cinq heures du soir ; ce n'est qu'à force de morceaux de sucre, et quelquefois, après le dîner, avec le secours d'une demi-tasse de café partagée en quatre, qu'elles se procurent un moment de relâche. Aussi quel accueil font ces pauvres récluses au cousin de province qui vient généreusement leur offrir, le dimanche ou un jour de fête, de les régaler du potage à la Julienne, du beefsteck, du fricandeau à l'oseille, et de la classique omelette soufflée !

Le prix ordinaire du travail de l'an

née varie à raison des talens d'une mo-
diste, et cela, du moins, est de toute
justice : il y a des *artistes*, des ouvriè-
rès émérites, qui sont payées jusqu'à
mille écus ; mais pour quelques-unes
dont les produits sont cotés à ce taux,
et qu'on reconnaît à leur âge compé-
tent, au tablier vert, ample et court,
à la toque de velours savamment chif-
fonnée, et surtout à la place d'honneur
qu'elles occupent près des carreaux du
magasin, combien végètent avec cinq,
quatre, ou même trois cents francs
d'appointemens !

Le terme moyen est de huit cents
francs. J'ai dit qu'elles sont nourries,
ou à-peu-près ; beaucoup ont le logement : ce sont les moins avancées, les

surnuméraires, celles qui ne sont pas
suffisamment initiées dans les mystè-
res de leur art. Ces dernières sont chargées des fonctions les plus désagréables.

Retranchées dans une mansarde dès
que onze heures ont sonné, toutes con-
fient joyeusement à Morphée le soin de
les délivrer pour quelques heures des
maux qui pèsent sur elles; les songes
heureux, ceux qui sortent par la porte
d'ivoire, leur montrent un établissement et des maris en perspective; quelquefois le schall de cachemire, la robe
d'un tissu précieux qu'on a vue, dans
la journée, à une dame *comme il faut,*
se présente en rêve, et ne disparaît
qu'avec le jour. Quelquefois encore on
songe au moyen de se procurer certains

objets de tentation.... mais ces rêves
ambitieux ne se renouvellent que rarement : on sait bien que les personnes
du sexe s'occupent peu de la toilette,
et les modistes sont femmes.

Les ouvrières d'un magasin se sub-
divisent en pensionnaires et en exter-
nes. Ces dernières ont un logement en
ville : à dix heures très précises elles
quittent l'ouvrage, s'aventurent dans
la rue, et laissent au hasard le soin de
leur trouver un vengeur, si quelque
téméraire osait les méconnaître....

Une des fonctions des dernières ve-
nues est assez singulière, elle consiste
à *rappeler*. Je m'explique : souvent
une dame qui est entrée dans un magasin, et dont le choix s'est arrêté sur

un chapeau, *a mésoffert*, c'est-à-dire
a proposé à la marchande de lui laisser
l'objet qu'elle convoite pour un prix
moindre de celui qu'on lui en a demandé ; on prévient la sortie de la dame en s'esquivant avec adresse ; puis,
quand l'acheteuse approche d'un autre
magasin, on l'arrête, et, bon gré malgré, il faut qu'elle revienne sur ses pas.
C'est alors que le marché se termine.

Le nombre des modistes s'est singulièrement accru depuis quelques années ; je laisse à de plus profonds
observateurs le soin de rechercher les
causes de cet accroissement ; je me
bornerai à dire que les provinces sont,
en partie, chargées d'alimenter le personnel des magasins de modes pari-

siens : la Normandie fournit, à elle seule, une foule de jeunes beautés que le perfide enfant de Cythère a fait dévier du droit chemin, et qui viennent enfouir dans un comptoir leurs regrets, leurs talens et les débris d'innocence qu'elles ont sauvés du naufrage.

~~~~~~

CHAPITRE XXVII.

TRAITEURS ET RESTAURATEURS.

La distance qui sépare les *traiteurs*
des *restaurateurs* est immense aujour-
d'hui ; ces derniers ont laissé les premiers bien loin derrière eux : les traiteurs sont les plébéiens de la cuisine ,
et les *rôtisseurs* et les *marchands de
vin traiteurs* en sont les parias. Qu'il
s'est écoulé de temps depuis l'époque
~~~~~~

où les gourmands de bonne compagnie allaient, sans craindre de déroger, s'entasser à quatre heures dans la soupente d'un suisse du Louvre, ou dans le modeste entresol d'un marchand de vin renommé pour ses huîtres et ses pieds de mouton ! L'art culinaire a fait d'incroyables progrès ; l'heureuse association de cet art à la science de la politique, a produit plus d'effet en quelques années, que toutes les combinaisons des Carême et des Beauvilliers.

Jetons un regard sur le passé : que trouvait-on chez les traiteurs avant la révolution (car c'est toujours de là qu'il faut partir) ? La fricassée de poulet était encore à l'apogée de sa gloire ; on ne concevait rien de plus succulent qu'une pièce de veau rôtie ou qu'un civet de lapin; la *matelotte*, aujourd'hui passée un peu de mode, est fille de nos discordes civiles; le *fricandeau* l'a suivie de près; l'*omelette soufflée*, à présent la proie des grisettes et des commis-marchands, est de la même époque; et le *beefteck*, ce mets que nous devons aux idées positives qui germent dans tous les cerveaux anglais, était à peine connu en France avant la signature du traité d'Amiens.

Faut-il l'avouer? à la honte de notre cuisine, au moment où j'écris, le *roof-beef*, ce manger des dieux qu'ont imaginé les Anglais, cette ambroisie des mortels dont l'exquise simplicité fait le plus bel éloge du goût épuré des

robustes enfans d'Albion, le roos-beeff
est à peine connu de la génération actuelle ; on ne le rencontre guère qu'à
la Taverne anglaise, rue de l'Arcade-
Colbert, chez les Frères Provençaux,
et peut-être aussi chez les successeurs
de Véry ?

. Il faut se consoler en songeant que
la vaccine et l'enseignement mutuel
trouvent des détracteurs !

Le premier restaurateur qui ait fait
parler avantageusement de lui depuis
trente ans, est Méot. Son laboratoire,
où s'apprêtait le dîner des convention-
nels, des fournisseurs et des parvenus
de l'époque, était situé rue des Bons-
Enfans et rue du Lycée, à l'ancienne
chancellerie d'Orléans, précisément où

se trouve aujourd'hui *le Salon Fran-*
çais, modeste établissement de restaurateur, où l'on dîne à deux francs
par tête.

Juliet, l'ancien acteur de Feydeau,
était, à-peu-près dans le même temps,
restaurateur rue Vivienne; on parlait
aussi d'un nommé Ro, ou Rôt : et les
faiseurs de jeux de mots disaient qu'un
gourmet devait aller voir *Ro*, *Méot et*
Juliet.

On vit s'élever ensuite les Robert,
les Legacque, les Beauvilliers, les Véry,
et ces Frères Provençaux que je viens
de citer. A ceux-là ont succédé les
Riche, les Véfour, puis le *Café An-*
glais, le *Café de Paris*, et enfin le
Café Américain, situé tout près de

ces deux derniers, sur le boulevard Italien, et qui déjà rivalise avantageusement avec ses aînés. *

Le nombre des restaurateurs du second ordre est trop considérable pour pouvoir être passé en revue; parmi ceux-là il en est plusieurs qui, comme Figaro, valent beaucoup mieux que leur réputation. Trop souvent, chez les restaurateurs en renom, on paye bien moins la qualité des mets que la vogue dont jouit l'établissement.

Dans quelques-unes de ces maisons, on doit surtout s'attacher à n'être pas pris pour dupe par les garçons; en

* Les *Cafés Anglais, de Paris, Américain,* sont de brillans restaurans.

général, on oublie un peu trop à Paris que les établissemens ouverts au public doivent l'être autant dans l'intérêt de ceux qui les fréquentent que dans celui des spéculateurs qui les exploitent. De-là les moyens, trop souvent illicites, qu'on emploie pour quadrupler, et quelquefois décupler les bénéfices. Il y a des endroits où l'on traite les consommateurs comme s'ils ne devaient jamais revenir. C'est précisément comme cela que se conduisent les honnêtes gens qui tiennent des auberges où s'arrêtent les diligences sur les grandes routes. *

* Quelqu'un a dit que depuis que les voleurs ne dévalisent plus les passans dans les forêts,

On a tellement laissé s'enraciner l'usage de donner aux garçons en soldant sa carte, après dîner, qu'il est maintenant impossible de s'y soustraire ; qu'on soit content ou non, il faut se courber sous le joug qu'ils vous imposent. C'est le cas, assez rare d'ailleurs, où le faible fait la loi au plus fort.

Il y a, chez un restaurateur très en renom et fort achalandé, un garçon dont l'*industrie* doit être signalée : en financier habile, il a toujours en sa possession une pièce de dix sous bien usée et si mince qu'on n'y distingue plus rien ; il ne manque pas de la glis-

ils se sont organisés en corporations sur les grandes routes, sous le titre d'*Aubergistes.*

20..

ser dans la monnaie qu'il rend aux payans ; on ne manque pas non plus de remarquer cette pièce, et, pour éviter une discussion désagréable, on la lui donne.

Les jeunes gens, les célibataires et les étrangers, sont les habitués naturels des restaurateurs ; il faut y joindre les commerçans et les solliciteurs de tous les coins de la France. En trois heures au plus (de cinq à huit heures du soir), tous les dîners sont finis ; ce qu'on appelle *le coup de feu*, dure de six à sept. A neuf heures les salons sont déserts ; deux tables placées l'une auprès de l'autre reçoivent la dame du comptoir, le *chef* et les garçons de salle : on mange en silence, on va se coucher ensuite, et le lendemain on recommence. Il faut actuellement moins de cinq années pour faire fortune dans cette profession ! Un restaurateur du Palais-Royal, que j'ai nommé dans cet article, a gagné vingt-cinq mille livres de rente en quatre ans.

CHAPITRE XXVIII.

LE BOULEVARD DE GAND.

Cette portion privilégiée et si élégante du boulevard est à l'abri du reproche qu'on peut adresser à tant de gens, de n'avoir pas gardé la couleur qu'ils avaient précédemment arborée : avant de s'appeler *boulevard de Gand*, il s'appelait *boulevard de Coblentz*, ce qui revient presque au même. On sait que ce fut au mois de juillet de l'an 1815, qu'il abdiqua l'un pour l'autre.

Un étranger qui se tiendrait du côté opposé à celui où est situé le *Café Tortoni*, et qui croirait se promener sur le boulevard de Gand, commettrait une étrange erreur : la mode n'a jamais adopté qu'un seul côté ; il en est de cet endroit comme des rives du Rhin à Strasbourg : sur une rive, la France ; sur l'autre, l'Allemagne. Il n'y a presque rien de commun entre le brillant habitué du boulevard de Gand, et le promeneur sans prétention qui longe paisiblement le *Pâté-des-Italiens.*

Le boulevard de Gand, proprement dit, ne commence qu'à la rue Lepelletier, au *Café Riche ;* il finit à la secondé entrée du *Café de Paris*. C'est dans cet étroit et court espace qu'il est de bon ton de venir le soir, en été, de huit à dix heures, avaler une poussière que les nombreux équipages, qui affluent dans toute la longueur du boulevard, distribuent aux piétons avec une générosité soutenue. En vain on arrose avec un soin tout particulier, on ne parvient jamais à rafraîchir l'atmosphère, à diminuer la pesanteur de l'air qu'on respire en ce lieu.

Pour ne pas perdre l'occasion de citer plusieurs établissemens remarquables qui n'ont pas l'honneur d'être situés sur le boulevard de Gand, rigoureusement parlant, revenons un peu sur nos pas, et commençons notre revue à partir de la rue Grange-Batelière, en nous tenant toujours sur la rive droite. Voici d'abord les deux nouvelles galeries qu'on vient d'ouvrir; elles sont d'une élégance admirable, et n'ont qu'un défaut, celui de ne conduire nulle part. Au coin de la première est le beau magasin de musique de Gaveaux, nom cher à Euterpe et à Erato.

Au-dessus de cette galerie, à l'entrée de laquelle est un temple souterrain (*Idalie*) ouvert chaque soir à Terpsicore, et que desservent des prêtresses qui n'ont pas fait vœu de chasteté, on remarque le bel établissement dit des *Amis des Arts*, tenu par MM. Sazerac et Duval-Lecamus, éditeurs de *la France au dix-neuvième siècle*. Tous les

artistes et les amateurs ont parcouru
les salons de ces messieurs, où l'on voit
plusieurs tableaux capitaux, tels que
le *Camoëns*, d'Horace Vernet; le *Sol-
dat laboureur*, de Vigneron; le *Pont
d'Arcole*, de Bellanger; et la *Mort
d'Hector*, par Grévedon. Leurs cartons
recèlent de nombreux et charmans des-
sins; et *Danaé* du Corrège, *le lord
Byron*, de Maurin, attestent les progrès
de la lithographie. Gens du monde et
riches oisifs, montez chez MM. Sazerac
et Duval, et vous en descendrez un
peu moins fiers, un peu plus pénétrés
de cette sorte de respect que devraient
toujours inspirer les véritables artistes
à ceux qui ne produisent rien.

Passons devant le nouveau café des

galeries de l'Opéra, dont la décoration
est magnifique, où l'on sert bien, mais
dont les tables extérieures se garnissent, en été, d'un public un peu susceptible de mélange ; et voyons les cafés *Riche* et *Américain*, que sépare
une lingère où la beauté se cache mo-
destement sous de petits bonnets de
tulle. La réputation du *Café Riche* est
faite depuis long-temps ; celle du *Café
Américain* se consolide chaque jour :
il est tenu par un ancien officier supé-
rieur dont les nombreux amis suffi-
raient seuls, au besoin, pour garnir
toutes les tables.

Nous voici devant le libraire Mongie :
que vient-il faire en ces lieux, où règne
la frivolité ? diront beaucoup de per-

sonnes. Cette question, à toute autre époque, aurait bien pu se faire : aujourd'hui tout le monde achète des livres et les lit; on a la manie de s'instruire et celle de vouloir voir clair. C'est ici le centre des affaires : aussi certaine obscurante Excellence ne demanderait-elle pas mieux que le libraire Mongie distribuât des glaces et de l'orgeat, comme ses voisins, au lieu de vendre ces maudits livres qui font fermenter les têtes et ouvrir les yeux.

A l'autre coin est le vieux *Café Hardy*, dont les salons se joignent à ceux de Tortoni, le glacier par excellence. Le soir, il faut se montrer une fois au moins chez Tortoni, c'est-à-dire chez le glacier auquel on cou-

serve ce nom. Ce dernier endroit,
qu'on appelle la *Petite Bourse*, est
le rendez-vous des joueurs qui courent
après la fortune, et de ceux qu'elle ac-
cable de ses dons. Après la Bourse, ou
quand elle est fermée, on fait chez Tortoni d'immenses affaires. Nulle autre
part, même au *Café de Foi*, l'on ne
prend de meilleures glaces ; nulle autre
part on n'avale de plus forts bouillons.

Nous sommes maintenant *à Gand*,
dans la rigide acception du mot. Deux
rangées de chaises, qu'on se dispute,
interceptent le passage, et les flots de la
foule ne se font jour qu'avec peine. On
n'avance là qu'aux dépens de ses voisins ; ceux qui veulent devancer les
autres n'ont pas trop de leurs coudes

et de leurs pieds ; on se passerait volontiers sur le corps : c'est l'image de
la société.

Le produit des chaises doit être considérable ; les gens qui l'ont affermé se
chargent de l'éclairage de cette incommode et disgracieuse promenade, où
les bâillemens sont plus fréquens encore parmi les habitués que parmi
ceux du Luxembourg, dont on se
moque traditionnellement et sans trop
savoir pourquoi.

Semblable à ces cheminées de salon,
sur lesquelles on voit toujours les mêmes ornemens (une pendule ou des
magots), le boulevard de Gand est, à
certaines heures, peuplé de figures qui
sont là à domicile, et dont les analo-

gues ne se retrouvent nulle part. Si la promenade du Jardin-des-Plantes, située aux antipodes de ces tristes lieux, a son cabinet d'histoire naturelle et sa ménagerie, le boulevard de Gand a ses habitués, qui datent du temps qu'on l'appelait *Coblentz;* ses *muscadins*, ses *incroyables* de la révolution, et ses *dandys*, ses *fashionables* de nos jours : la balance est peut-être en faveur des ours, des chameaux, de l'éléphant et autres animaux réputés non raisonnables, par d'autres animaux qui ne le sont pas davantage.

CHAPITRE XXIX.

LE COSTUME.

Il n'y a pas de pays au monde où l'on soit en même temps moins gêné sur le choix du costume, et plus esclave de la mode qu'à Paris. Liberté tout entière est accordée à chacun : tant pis pour vous si vous êtes ou ridiculement couvert ou pauvrement vêtu; vous ne devez compte à personne ni de

vos goûts ni de l'état de votre bourse.
A côté d'un élégant de 1825 peut se placer, sans redouter le danger de la comparaison, un petit-maître de 89, ou un *muscadin* de l'an II de la république. Contemplez en masse, ou l'un après l'autre, tous les promeneurs du jardin du Palais-Royal ou ceux des Tuileries; il n'y a de vraiment ridicules que ceux qui veulent bien l'être, quel que soit d'ailleurs leur costume : les hommes ou les femmes qu'on remarque sont ceux qui se donnent volontairement en spectacle, et font tous leurs efforts pour attirer, pour concentrer sur eux seuls l'attention des indifférens dont ils sont entourés.

Dans une ville de province, il n'y

a que deux nuances bien distinctes dans le costume, savoir : la mode du pays et celle de la capitale. Il y en a mille à Paris.

Tel métier, telle corporation a son luxe et ses manières de se parer et de se vêtir. Entrez, dans la même journée, chez un bijoutier de la rue Vivienne et chez un orfèvre de la halle : examinez l'étalage d'un marchand de nouveautés du Boulevard-Italien, et celui d'un de ses confrères du faubourg Saint-Antoine, et vous apercevrez une différence égale à celle qui distingue un Provincial en retard d'un Parisien qui s'attèle en esclave au char brillant de la mode.

On crie avec assez peu de raison

contre les progrès toujours croissans
du luxe ; on se moque, au théâtre et
dans les livres, des gens qui ne con-
servent pas le *costume* de leur état;
on dit que toutes les classes sont confondues, et que la société est menacée
d'une prochaine dissolution, parce que
les tissus de l'Inde se voyent indistinc-
tement sur de nobles épaules et des
dos roturiers; parce que l'artisan éco-
nome et le frugal commis-marchand
se parent, quatre fois par mois, d'un
habit noir du même drap et de la
même forme que l'habit d'un magistrat ou celui d'un haut fonctionnaire.
Où donc est le mal ?

Que cette femme couverte de dia-
mans et de cachemires ouvre la bouche

pour le motif le plus frivole ou pour répondre à la question la plus simple, n'aurez-vous pas bientôt la mesure de son esprit et de son savoir? Attendez qu'une occasion favorable se présente, et vous saurez promptement à quoi vous en tenir sur le degré d'instruction, sur l'usage du monde de tel *fashionable* dont le costume éblouit le vulgaire.

Que les gens de naissance qui craignent d'être confondus avec *le peuple* et les personnes du commun, se donnent la peine de chercher à se sortir de la foule autrement qu'en ne se vêtissant pas comme tout le monde, et peut-être on pourra tolérer leurs prétentions.

Il est difficile, et presque impossible, d'échapper aux investigations de certains regards curieux et scrutateurs. Couvrez-vous des étoffes les plus belles, des bijoux les plus riches; si tout ce luxe extérieur n'est pas soutenu par des manières vraiment nobles, par un langage affectueux et poli, on se rappellera bientôt la fable de l'âne recouvert de la peau du lion; on a beau faire, et les proverbes ont raison : la caque sent toujours le hareng.

Quoi de plus divertissant que l'aspect d'une promenade à Paris, un dimanche ou un jour de fête ? pour dix jolis chapeaux portés avec goût, pour vingt robes dont la couleur s'harmonise parfaitement avec le reste de ce qu'on appelle *la toilette;* pour quelques touffes de fleurs posées avec grâce, ou quelques plumes artistement placées, que de pauvres *tournures !* que de gauches maintiens ! que de femmes embarrassées de leur parure, étonnées de la richesse de leurs ajustemens ! que d'anachronismes de couleurs, d'objets qui hurlent de se trouver rapprochés !... Cela ne fait-il pas pitié, et n'est-on pas tenté souvent de plaindre telle infortunée qui succombe sous le poids d'une élégance inaccoutumée et d'emprunt ?

Et parmi les hommes : voyez ce groupe de jeunes éventés; ils ont tous fait abnégation de leur personne, et se soucient fort peu qu'on en porte un bon ou mauvais jugement. Ce n'est pas pour eux qu'ils sont là ; ce n'est pas d'eux qu'ils veulent que les passans s'occupent : c'est de l'habit, de la redingote ou du chapeau qu'ils portent ; de principal, ils sont devenus accessoires ; la mode en a fait des mannequins ambulans chargés de promener des vêtemens d'une forme nouvelle.

Que de gens portent des habits qui n'ont pas été taillés pour eux ! que d'autres comptent sur le plus ou moins de largeur de la broderie qui orne leur collet, pour escamoter un peu de considération ! combien sont fiers de l'adresse de l'ouvrier et de la qualité de l'étoffe ! Le Louvier sourit dédaigneusement à l'Elbœuf, et la grosse épaulette regarde en pitié l'épaulette du sous-lieutenant. Et ces boutonnières, ambitieusement chamarrées de tous les ordres de l'Europe; et ce grand cordon, caché avec si peu de soin que sa vue n'échappe à personne ; et cette réunion hétérogène de grands et de petits, d'humbles et de superbes, de créanciers et de débiteurs, de niais et de gens d'esprit; vêtus presque tous en raison inverse de leur fortune ou de leur rang dans le monde, habillés bien plutôt selon leur caprice que selon leur âge, contemplez-les : ils vont, viennent, reculent, se heurtent, se poussent et se jugent tous, non sur ce qu'ils peuvent savoir les uns des autres, mais sur le degré de hauteur et de suffisance qu'ils affectent, et surtout sur le costume dont ils sont affublés.

CHAPITRE XXX.

POLITESSE PARISIENNE.

La politesse parisienne est justement vantée en province. On convient partout qu'en aucun autre lieu que Paris on ne pousse aussi loin les prévenances, les attentions aimables , les soins délicats et la recherche dans les manières. Qu'un étranger sollicite un renseignement quelconque de la complai-

sance d'un habitant d'une petite ville,
il sera souvent mal reçu, quelquefois
raillé, et presque toujours éconduit,
sans qu'on ait satisfait à sa demande;
qu'au contraire il s'adresse à un Parisien de quelque rang qu'il soit, on
s'empresse de l'écouter, on cherche à
deviner ce qu'il désire, on va au-de-
vant de ses moindres intentions; on ne
le quitte que lorsqu'il est content. A
Paris cette règle est sans exception, et
si elle en était susceptible, ce ne serait
que dans les hautes classes; la com-
plaisance, il faut le dire, est presque
en raison inverse du rang qu'on occupe dans la société. Les grands ne sauraient, sous ce rapport, soutenir la
comparaison avec les petits; c'est une

justice qu'il faut rendre à ces derniers.

Il est extrêmement rare (surtout
dans le midi de la France) qu'une re-
commandation, quelque pressante
qu'elle soit, conduise la personne qui
s'en trouve nantie à des résultats bien
heureux pour elle. On accueille froide-
ment d'abord, et si l'on se réchauffe un
peu, ce n'est que très à la longue et lorsqu'on s'y trouve en quelque sorte obligé.

On raconte que dans une province
de France on n'offre guère aux étrangers qu'un certain aliment fort commun, peu coûteux et d'une dure di-
gestion ; encore est-ce en ajoutant (disent les railleurs) : « Mangez, mangez,
nos c...... n'en veulent plus. »

Les Parisiens, tout polis qu'ils sont, n'ont pu se défaire de plusieurs formules d'invitation, demi-négatives et qu'ils répètent souvent. Est-on chez eux en visite vers l'heure du repas, ils vous disent : « Je vous offrirais bien une place à table, mais notre dîner d'aujourd'hui est si mesquin.. » ou bien : « Je n'ose vous inviter, dans la crainte de vous faire faire un chétif repas ; » ou bien encore, en vous reconduisant jusque sur l'escalier : « Vous ne voudriez pas dîner avec nous ? » Quelque peu novice que soit celui qu'on invite ainsi, il est difficile qu'il se décide à faire une autre réponse que celle qu'on sollicite visiblement en employant la forme dubitative.

En province, si l'on vous invite, il

est rare qu'on ne se mette pas quelque
peu en dépense : on ajoute un plat ou
deux à l'ordinaire du ménage. A Paris,
on vous prie à *un dîner sans céré-
monie*, et c'est là le comble de la per-
fidie ; une invitation de cette nature
équivaut presque toujours à une mys-
tification ; un proverbe en fait foi :
« Défiez-vous des concerts d'amateurs
» et des dîners sans cérémonies. »

On n'est nulle part aussi *civil* *

---

* L'emploi de ce mot rappelle une réponse très
piquante de M. de T. : un officier-général s'était
servi, devant plusieurs personnes, du mot *pékin*,
qui, dans le langage militaire, est l'équivalent de
bourgeois. Une d'elles ayant demandé à M. de T.
ce que signifiait ce mot, il répondit: Ces Messieurs

qu'à Paris soit dans les promenades, soit au spectacle, et particulièrement avec les femmes. Il est presque sans exemple qu'un homme se place sur le devant d'une loge où se trouvent plusieurs personnes du sexe ; on en rirait au parterre, et le public en masse ferait promptement justice du spectateur qui enfreindrait certaines lois que l'usage a dictées. Dans beaucoup de pays on considère une place au spectacle comme une propriété : j'ai payé, dit fièrement le titulaire, et cela le dispense de tout égard. Les Anglais et les Allemands se

appellent *pékin* tout ce qui n'est pas militaire, comme nous appelons *militaire* tout ce qui n'est pas *civil.*

conduisent ainsi sans le moindre scru-
pule.

Essayez de mettre à l'épreuve l'obli-
geance d'un provincial en lui propo-
sant de vous faire un prêt d'argent, sa
réponse sera la conséquence exacte du
degré d'intimité qui vous lie à lui, ou
celle de la confiance que vous inspirez
par votre position sociale. S'il refuse,
il le fera sans feinte et presque sans
préparation. Un Parisien se confondra
en excuses; il prendra un air chagrin,
vous témoignera tout le regret que lui
fait éprouver l'obligation pénible dans
laquelle il se trouve de vous refuser; il
s'emparera de vos mains, les serrera
affectueusement dans les siennes, vous
prodiguera les caresses, les offres de

service, les protestations, et vous quittera brusquement en vous renvoyant à une époque plus heureuse.

Quant à ce qu'on appelle l'*usage du monde*, un provincial bien élevé peut lutter avantageusement avec le Parisien le plus *répandu*; l'avantage restera souvent au premier pour les choses de pure civilité; l'autre se distinguera par une foule de petites manières qui tiennent aux usages du moment. L'un se règle sur ce qu'il a toujours vu faire; l'autre sur la mode, qui le tient constamment sous son empire.

Les règles de la politesse, en général, sont immuables à Paris comme ailleurs, mais ses formes varient à l'infini ; ce qui était l'an dernier du plus excellent ton, peut, cette année, être souverainement ridicule ; et voilà ce qu'on comprend difficilement en province, où l'on ne reçoit pas en même temps que le *Journal des modes*, la note des usages que le grand monde a soudainement frappés de réprobation.

A Paris, la politesse est presque tout entière dans les paroles ; elle est en province dans les manières : un Parisien de bonne compagnie a souvent paru, sinon incivil hors de chez lui, mais leste et tant soit peu cavalier.

Dans la capitale on vous fait une noirceur, on vous enlève votre bien, on vous supplante auprès de votre maîtresse, ou même auprès de votre femme, avec la politesse la plus exquise; cela est au point, que vous n'avez presque pas le droit de vous plaindre, et qu'il y a tout au moins de la simplicité à en parler. En vain tâcheriez-vous de persuader aux indifférens que telle personne connue a forfait à l'honneur; si ce n'est pas un homme malhonnête, on ne croira jamais que ce soit un malhonnête homme.

. Cela est si vrai (en thèse générale) que les fourbes, les fripons, les traîtres, sont rarement des hommes grossiers, et, comme on dit, *sans éducation*. Ils vous dupent, vous volent, vous trahissent en vous accablant de soins attentifs, de prévenances charmantes.

En province, le crime fait horreur;

il se montre dans toute sa rudesse. A
Paris, il s'enveloppe dans les formes les
plus recherchées ; il est insinuant et
de la témérité la plus humble et la plus
soumise ; il ne se cache pas ; il se dé-
guise seulement un peu, par respect
pour les convenances.

FIN DU TOME PREMIER.